내일은
조금
달라지겠습니다

내일은
조금
달라지겠습니다

한민용이 전하는 희망의 기록

위즈덤하우스

차례

프롤로그 _006

First in, Last out _013
춤추는 손가락 _030
안내견의 하루 _048
우리 동네 대장냥이 코점이 _072
4월을 기억하다 _093
두 번 다시는 _105
원수에게도 빌려줄 수 있는 것 _124
편의점에서 만난 아이들 _143
아이라면 누구나, 특별한 푸드트럭 _165
열여덟, 어른이 되다 _176
기적처럼 안아주세요 _215
우리 뻴리 민나자 _238

에필로그 _257
추천의 말 _259

프롤로그

"저는 펜으로 세상을 바꾸고 싶어 기자가 됐습니다!"

2013년 가을이었다. 입사하고 처음 가진 회식에서 부장은 '왜 기자가 되고 싶었는지' 앞으로의 포부를 돌아가며 말해보라고 했다. 내가 대답을 마치자 그는 "세상을 바꾸고 싶었으면 다른 데를 가야 했을 텐데……" 하고 뒷말을 흐리더니 이내 한잔들 하자며 술잔을 부딪쳐왔다. 그때 나는 왜 저렇게 말하실까 의아했다. 하지만 이제는 이해한다. 연차가 쌓이며 알게 됐다. 펜으로 세상을 바꾸는 것은 불가능에 가까운 일이라는 걸.

나는 기자 생활 대부분을 '사회부 기자'로 보냈다. 7년차가 될 때까지, 심지어 앵커가 된 뒤에도 줄곧 사회부에 있었다.

사회부 기자에게는 대한민국에서 일어나는 모든 사건·사고가 자기 일이 된다. 나는 세월호 참사, 땅콩 회항, 성완종 리스트, 정운호 법조게이트, 박근혜 정부 국정농단, MB 다스 실소유주 의혹, 사법농단 등 시간이 지나도 쉽게 잊히지 않는 굵직한 사건들을 취재했다. 기자로서 좋은 평가를 받게 해준 것도, 기자상을 안겨준 것도 모두 이런 사건들이었다.

하지만 내 마음속에 오래 남은 사건은 따로 있었다. 말하자면 이런 것들이다.

바람이 제법 쌀쌀해진 가을, 다세대주택에서 홀로 살던 70대 할아버지가 스스로 목숨을 끊었다. 할아버지는 기초생활수급자였다. 부모 없이 홀로 어린 시절을 보낸 사람이기도 했다. 그는 40대가 되어서야 주민등록번호를 갖게 됐고, 평생을 아내도, 자식도 없이 홀로 살았다. 할아버지는 스스로 자기 배를 찔렀다. 경찰은 상처에서 주저한 흔적이 발견됐다고 했다. 할아버지의 시신은 도시락 배달을 온 사회복무요원이 발견했다. 유서는 남기지 않았다. 이웃은 할아버지를 그저 기침을 많이 하는 사람으로 기억하고 있었다.

외로운 삶이었을까. 나는 폴리스라인이 쳐져 있는 현관문을 바라보며 생각했다. 할아버지는 어떻게 할아버지가 됐을까. 홀로서기까지 도와준 어른들은 있었을까. 할아버지처럼 부모 없는 아이들은 어떻게 자라나고 있을까. 나는 할아버지의 죽음을 넘어 이런 이야기들을 하고 싶었다.

하지만 그럴 수는 없었다. 내일이면 또 다른 사건·사고가 터졌다. 방송 뉴스는 보통 30~40분이다. 이 한정된 시간에 어떤 기사를 보도할 것인지는 여러 기준으로 결정된다. 중요한 기준 중 하나는 '오늘 일어난 일인가'다. 나는 오늘의 현장으로 택시를 잡아타며 '언젠가 기회가 된다면 이런 이야기들을 기사로 써봐야지'라는 생각을 하곤 했다.

기회는 왔다. 아이러니하게도 취재 일선에서 한발 물러나 앵커석에 앉았을 때 찾아왔다. 2020년, 혼자 주말 뉴스를 진행하게 됐을 때 '앵커 코너'가 만들어진 것이다. 앵커 고유의 시선, 생각을 담는 코너인 만큼 어떤 주제를 다룰 것인지 등에 상당한 자율성이 보장됐다. 시간도 4분이나 쓸 수 있었다. 일반적인 방송 기사가 1분 30초~2분 정도인 것을 감안하면 꽤 긴 시간이었다. 금·토·일요일 뉴스를 진행하며 매주 4분가량의 방송 기사를 만들어내는 게 쉽지는 않겠지만, 내가 쓰고 싶던 기사를 쓸 수 있는 절호의 기회였다.

나는 그 기회를 이제껏 뉴스의 주인공으로 여겨지지 않던 사람들의 이야기를 하는 데 쓰고 싶었다. 스포트라이트를 받지 못하는 곳에 작은 핀 조명이라도 비춰보고 싶었다. 아무도 들어주지 않는 목소리를 찾아 담아 오고 싶었다. 그런 마음을 담아 코너 이름도 〈한민용의 오픈마이크〉라고 지었다.

보도에 앞서 (나만의) 세 가지 원칙을 세웠다.

1. 되도록 다른 방송사에서 주목하지 않았던 주제를 다룬다. (단, 작년 혹은 재작년에 보도했다는 이유로 제외하지 않는다. 바뀐 게 없다면 오히려 계속 보도할 필요가 있으니.)
2. 나라가 안 나서면 나라도 나서겠다며, 이웃을 돕고 있는 사람들을 조명한다.
3. 작은 변화라도 좋으니 실제 변화를 만들어내는 데 집중한다.

원칙 2에는 특별한 이유가 있었다. 변화를 이끌어내려면 책임 있는 사람들이 움직여줘야 한다. '나라'가 나서지 않아 '나라도' 나선 사람들의 이야기는 그들을 부끄럽게 만들어 조금이나마 움직이도록 만들 것만 같았다. 한편으로는 어떻게 도와야 할지 몰라 가만히 있던 사람들도 '아, 저렇게 하면 되는구나' 동참하게 될 수도 있다고 생각했다. 그렇게 두 팔 걷어붙이고 나서는 사람이 많아지면 나라가 느끼는 압박과 부담은 한층 더 커질 것이다. 내가 원칙 2를 세운 건 이런 계산이었다. 물론 박수받아 마땅한 일을 해온 분들에게 힘껏 박수쳐주고 싶은 마음은 당연했다.

그렇게 60여 편의 기사를 써 내려갔다.

쓸쓸히 왔다 쓸쓸히 떠난 70대 할아버지처럼, 부모 없이 보육원에서 자란 아이들은 어떻게 어른이 되는지, 누가 그 아이들의 홀로서기를 돕는지. 또 학대당한 아이들은 어디로 보내져 어떤 삶을 살게 되는지. 소방관이 불을 끄다 병들면 국가가 책임지는지. 코로나 시대 장애인의 삶은 무사한지. 우리 사회에 이제 더 이상 돈이 없어 밥을 못 먹는 아이, 신발 깔창을 생리대로 쓰는 아이는 존재하지 않는지에 대해 이야기했다.

그리고 어느 순간, 펜으로 세상을 바꿀 수 없다는 나의 생각은 반은 맞고 반은 틀리다는 걸 알게 됐다.

기사가 나가고 나면 작지만 결코 작다고 할 수 없는 변화들이 이어졌다. 여태껏 모르고 살아왔지만 앞으로는 '알면서' 살아가게 될 사람들이 만들어낸 변화였다.

우리 사회에 여전히 굶는 아이가 있다는 기사를 쓰자 '아직도 이런 아이들이 있는 줄 몰랐다, 따뜻한 밥 한 끼 보태고 싶다'며 천 명이 넘는 사람들이 기부금을 보내왔다. 코로나로 누구보다 힘든 시간을 보내고 있다는 자영업자들도 '배고프면 이모네, 삼촌네로 오라'며 나섰다. 안내견을 동반한 시각장애인이 식당에서 쫓겨나는 모습을 유심히 보고는 '모자이크가 되어 있지만 우리 동네 같다, 우리 식당으로 오면 맛있는 식사를 대접하고 싶다'고 손을 내밀어준 분도 있었다. 부모 없이 보육원에서 살다가 열여덟에 떠밀리듯 세상에 나오는 친구들의 사연을 듣고는 일자리를, 장학금을 제공하고 싶다는 연락도 잇따랐다.

토요일 밤 기사가 나가고 일요일쯤 메일함을 열어보면 '기사 보고 처음 알게 됐어요. 저도 함께 돕고 싶은데 방법이 있을까요?'와 같은 이메일이 늘 들어와 있었다. 이런 목소리는 마치 내

일은 조금 달라지리라는 일기예보 같았다. 이 세상에는 몰라서 그렇지, 잘 알게 된다면 가만히 있지 않고 무언가라도 하려는 사람이 많다는 것을 알게 됐다.

그때부터 나는 내가 본 것을 당신이 보기를, 내가 들은 것을 당신이 듣기를 바랐다. 활짝 열린 마이크에 목소리를 잔뜩 담아 와 더 많은 사람들에게 들려줄 수 있기를 바랐다. 그 목소리를 듣고 더 많은 사람들의 내일이 달라지기를 바랐다. 이 책은 그런 마음에서 시작됐다.

First in,
Last out

"우리 아빠는 히어로예요!"

아이가 잔뜩 들뜬 목소리로 자랑스레 말했다. 고놈 참 잘생겼다는 말이 절로 나오는 똘망똘망한 아이였다. 두 손에는 스케치북이 들려 있었는데, 거기에는 불길에 휩싸인 건물, 옥상으로 대피한 사람들, 119라고 쓰여 있는 빨간색 사다리차, 그리고 그 사다리를 타고 사람들을 구하러 옥상으로 향하는 주황색 옷을 입은 사람이 그려져 있었다. 아이는 그 사람을 가리키며 말했다.

"이게 우리 아빠예요. 우리 아빠는 소방관이어서 용감하고 사람들 구출하고 그래요. 아아주 많이 자랑스러워요."

초등학교 3학년인 아이는 학교에서도 친구들에게 아빠를 자랑한다고 했다. 아이의 아빠, 김영국 소방관은 10년 넘는 경력의 베테랑으로 수많은 생명을 구해냈다. 그러니 아빠를 자랑스러워하는 것은 당연한 일이었다. 물론 여섯 살인 둘째는 아직 아무것도 모르는 듯했지만.

아이들 손에 아이스크림을 하나씩 쥐여주니 한 손엔 아이스크림, 한 손엔 서로의 손을 잡고 소파 위를 방방 뛰어다닌다. 그 옆으로는 가족사진이 늘어서 있었다. 아이의 성장 과정이 한눈에 보이는 사진들, 아이들이 그린 그림, 매일 갖고 노는 장난감, 엄마가 쫓아다니며 읽어주었을 책들. 집 안 곳곳에 아이들이 자라나며 남긴 흔적이 묻어 있었다.

집 안 풍경은 이 나이 또래 아이를 키우는 여느 집과 다를 바

없이 따뜻하면서도 평안했다. 부엌 깊숙이 쌓여 있는 거대한 약 더미만 빼면 말이다.

"다 항암제예요. 이 가글액은 항암 치료 때문에 계속 구내염이 생겨서 쓰는 거고요."

까르르대는 아이들의 웃음소리 사이로 어머니가 조용히 말했다. 아들의 영원한 히어로, 소방관 아빠는 암과 싸우는 중이었다. 그것도 '혈관육종'◆이라는 희귀암과 말이다. 아빠는 전에도 한 차례 암에 용감히 맞서 싸워 이겨냈지만, 이번에는 지고 있었다. 그리고 그렇게 지고 있는 중에도 아들의 그림 속에서처럼 주황색 옷을 입고 사람들을 구하러 다니고 있었다.

◆

"기자님! 안녕하세요."

소방서에 도착하자 김영국 소방관이 반갑게 달려왔다. 떡 벌어진 어깨, 우람한 체격, 그늘 한 점 없는 환한 얼굴. 어떻게 봐도 암 환자로는 보이지 않았다. 그런 나의 시선을 눈치챘는지, 그도 "건강해 보이죠?"라는 말과 함께 이야기를 시작했다.

◆ 혈관내피세포에 생긴 암세포가 혈관을 타고 온몸으로 전이되는 희귀암.

"작년에 항암 끝나고 마지막으로 영상을 찍었어요. 암세포가 보이지 않는다고, 복직해도 될 것 같다고 주치의 선생님이 그러시더라고요. 그래서 복직을 했는데 복직하고 5개월 만에 폐로 전이가 됐어요. 보통 혈관육종 같은 경우는 다른 기관으로 전이되면 예후가 좋지 않대요. 항암 치료를 하더라도 생존 기간이 1년밖에 안 된다고 하시더라고요. 어차피 1년밖에 못 살 거면 굳이 항암을 하는 게 맞는지 고민이 됐는데 가족들이랑 상의해서 몇 달 전부터 다시 시작하게 됐어요. 저 그런데…… 사실 저희 어머니는 아직 모르세요. 처음 발병했을 때 너 죽으면 나도 죽을 거라고 해서서 아직 말씀을 못 드렸거든요."

그는 방송이 언제 나가는지 꼭 알려달라고 했다. 혹시라도 어머니가 보실 수 있으니, 그 전에 미리 말씀드리려 한다는 것이었다. 나는 오는 토요일이라고 대답하면서 생면부지의 어머니를 걱정했다. 얼마나 놀라실까. 아들이 항암을 다시 시작한 것도, 시한부 판정을 받은 것도 기함할 일일 텐데, 그러고도 여전히 소방관으로 일하고 있다는 것을 알면.

게다가 그는 화재 현장에도 여전히 나가고 있었다. 암의 발병 원인으로 지목된 그 시커먼 연기를, 이미 암이 퍼진 폐로 또 들이마시고 있는 것이었다. 그러면 안 되는 것 아니냐는 나의 말에 그는 그저 "저희끼리 농담으로 연기를 맡아야 소방관이라는 말을 하거든요. 저희한테는 그냥 일상인 것 같아요" 하고 웃으며 답할

뿐이었다.

보통 인터뷰를 하다 보면 '나라도 그랬겠다'는 생각을 많이 하게 되는데, 이번에는 정반대였다. '나라면 안(혹은 못) 그럴 텐데'라는 생각을 자주 했다. 그는 왜 계속 불을 끄러 다니는 걸까.

"왜 그러냐고요? 다른 분들은 이해가 안 되실 수도 있을 것 같은데, 저는 그래도 살아 있는 동안은 계속 구조 활동을 하고 싶어요. 그게 즐거워요. 오늘 죽든, 내일 죽든 저는 이 일을 하는 게 너무 좋은 것 같아요. 제가 큰 도움이 되고 있다고 생각하지는 않지만, 그래도 이런 일을 함으로써 누군가는 나로 인해 생명이 연장되고 도움을 받을 수 있겠구나……. 거기서 오는 기쁨이 저희 소방관들한테만 주어진 축복인 것 같아요."

축복이라는 말에, 이제껏 내가 다녀온 크고 작은 화재 현장들이 떠올랐다. 한번은 강원도에 큰 산불이 나 내려갔는데, 불똥이 강풍을 타고 도깨비불처럼 여기저기 옮겨붙고 있었다. 그러다 불똥 하나가 내 주변으로 툭 떨어졌는데, 순식간에 큰 불길로 번지며 뜨거운 기운을 내뿜는 것이 아닌가. 굉장한 공포였다.

그런 불길 속으로, 김영국 소방관은 몇 번이고 뛰어들었다. 지금껏 출동한 화재 현장만 약 1,000곳에 달했다. 화염에 공장이 녹아내릴 때도, 화마가 다세대주택을 집어삼킬 때도, 그는 주저하지 않았다.

그는 불이, 정확히는 죽음이 두렵지 않다고 했다. 죽음이 두려우면 소방관을 할 수 없다고, 자기가 특별해서가 아니라 모든 소방관이 마찬가지라고 했다. First in, Last out. 모두가 살고자 뛰쳐나오는 곳으로 주저 없이 달려 들어가고 가장 늦게 빠져나오는 것, 아니 어쩌면 영영 빠져나오지 못할 수 있는 그 상황을 당연하게 받아들이는 것, 나는 어떻게 그럴 수 있느냐고 물었다.

"글쎄요. 잘 모르겠어요. 머리로 이유를 찾을 수 있는 일은 아닌 것 같아요. 그냥 본능적으로 그렇게 만들어진 것 같아요, 저희는."

나는 '만들어진 것 같다'는 말에 고개를 끄덕였다. 신이 그렇게 빚어 세상에 보낸 것이 아니라면, 설명하기 어려운 일이기도 하니까.

그는 시한부 판정을 받은 자기야말로 최고의 소방관이 될 조건을 갖춘 셈이라고 너스레를 떨었다. 이렇게 된 마당에 두려울 일이 뭐가 있겠느냐는 것이었다. 그는 앞으로 딱 1,000명만 더 구하고 소방관을 그만둘 거라며 웃어 보였다. 그는 누군가를 구하다 죽는 건 하나도 두렵지 않은 사람이었다. 하지만 그 죽음이 아무것도 아닌 것이 되어버리는 것을 두려워했다.

"기자님은 대단한 일을 한 거라고 말씀해주시지만, 저는 저희가 당연히 해야 할 일을 했다고 생각하거든요. 하지만 그렇다고 해서 저희가 한 일들이 아무것도 아닌 건 아니잖아요. 제가 아무 이유 없이 병에 걸린 게 아니라, 나라의 명을 받고 다른 사람들을 구하다 병에 걸렸다는 걸…… 아이들이 알아줬으면 좋겠어요. 우리 애들한테 자랑스러운 소방관 아빠로 남고 싶어요."

◆

김영국 소방관이 처음 병을 눈치챈 건 2017년이었다. 왼쪽 뺨에 무언가가 만져지기 시작한 것이다. 그때 그의 나이 고작 서른여섯 살이었다. 특전사 출신인 그는 원체 체력이 좋았지만, 소방관이 된 뒤에는 더더욱 체력 관리에 만전을 기했다. 자신의 체력이 버텨내야만 다른 목숨까지 구할 수 있는 직업이기 때문이다. 집안 어른들 중 암에 걸려 돌아가신 분도 없었다. 그래서 그는 왼쪽 뺨에서 만져지는 그 멍울을 대수롭지 않게 여겼다.

멍울이 커졌을 때도 큰 병원에 가봐야겠다는 생각은 못 했다. 그저 가까운 성형외과를 찾았을 뿐이었다. 의사 역시 지방종 같다며 제거 수술을 권했다. 하지만 긁어낸 자리에서 멍울은 다시 자라났다. 그는 그제야 좀 더 큰 병원으로 가서 여러 검사를 받았다. 결과는 '진단 불가', 의사는 더 큰 병원으로 가보라고 했다.

그렇게 대학병원을 찾은 뒤에야 혈관육종이라는 진단을 받았다. 그 정도로 희귀한 암이었다. 처음 찾아갔던 성형외과 의사도 젊은 사람이 혈관육종에 걸리는 건 아주 드문 일이라며 깜짝 놀랐다고 한다.

30대의 젊은 나이에 갑자기 찾아온 병, 그것도 생전 처음 들어

보는 생소한 병명에 그의 머릿속은 새하얘졌다. 수술과 항암 치료, 방사선 치료가 몰아치는 가운데 그가 생각할 수 있는 건 오직 '어린 자식들에게 아직 아빠가 필요하다'는 것뿐이었다. 항암으로 머리가 숭숭 빠진 그에게 "아빠 대머리야"라고 놀릴 정도로 어린 철부지 딸을 두고 떠날 순 없었다.

참는 건 자신 있었다. 하지만 항암 치료는 그런 그조차 정신을 잃게 만들 정도로 고통스러웠다. 방사선은 혀를 녹여버렸다. 그는 병상에 누운 채 '왜 내가 이런 병에 걸려야 했을까' 생각했고, 한 소방관을 떠올렸다. 고(故) 김범석 소방관이었다. 그 역시 젊은 나이에 혈관육종을 진단받고 항암 치료를 받던 도중 세상을 떠났다.

혈관육종의 1급 발암물질로 국제암연구소가 분류한 것 중 하나가 염화비닐(VC)이다. VC는 플라스틱 배관이나 문, 창문 등의 소재인 PVC가 탈 때 발생한다. 그러니 어느 화재 현장이든 VC가 발생한다고 봐도 무방하다.

VC를 들이마시면 혈관육종 발병률이 얼마나 올라가는지, 미국에서 PVC 및 VC 제조 공장 노동자를 대상으로 코호트 연구를 한 적이 있다. 연구 결과, 연간 VC 누적 노출량이 865ppm이 되면 혈관육종 발병률이 약 36배나 높아지는 것으로 나타났다. 우리나라 소방관이 1년에 얼마나 많은 양의 VC에 노출되는지 공식적으로 연구된 바는 없지만, 현장 관계자와 전문가들은 865ppm은 충분히 넘을 거라고 보고 있다. 고 김범석 소방관이나 김영국 소방관처럼 20~49세 사이 남성 소방관의 경우, 같은 연령대 일반인에 비해 혈관육종 발병률이 약 7배나 된다.

고 김범석 소방관도 김영국 소방관처럼 특전사 출신으로 건강만큼은 자신하던 사람이었다. 그는 그저 8년간 소방관으로 복무하며, 화재 현장에만 수백 번 출동해, 시커먼 연기를 들이마시는 걸 마다하지 않고 이웃을 구했을 뿐이었다. 눈을 감기 전 그는 주글주글한 아버지의 손을 잡고 말했다. "아버지, 그래도 저는 아들에게 병에 걸린 아빠 말고 소방관 아빠로 기억되고 싶어요." 그때 그의 나이는 고작 서른한 살. 아들은 두 살이었다.

하지만 정부는 '화재 현장에서 들이마신 유독성 물질과 유해가스 때문에 암에 걸린 것'이라는 그의 주장을 받아들이지 않았다. 공무상 요양 승인이 거부되자 고 김범석 소방관의 아버지는 아들의 유언을 들어주기 위해 국가를 상대로 소송을 냈다. 하지만 1심 재판부 역시 '불을 끄다 암에 걸렸다'는 것을 받아들이지 않았고, 그가 세상을 떠난 지 5년이 지나도록 법정 싸움은 이어지고 있던 참이었다.

김영국 소방관은 남겨진 가족이 법정을 오가며 힘겨운 싸움을 계속하는 일만큼은 막아야겠다고 생각했다. 자신이 살아 있는 동안 '불을 끄다 암에 걸렸다'는 것을 인정받고 떠나야겠다고 다짐한 것이다. 그는 병상에서 극심한 고통에 시달리는 와중에도, 지난 10년간의 출동 기록을 모으기 시작했다. 고단한 작업이었다.

개인별 출동 기록이 따로 관리되고 있지 않은 데다, 보존 기간도 3년뿐이라 대부분은 폐기된 상태였기 때문이다. 영구 보관되는 화재조사서를 일일이 대조해 출동 데이터를 만들어야만 했다. A4 용지로 족히 수천 장에 달하는 어마어마한 분량의 자료였다. 고맙게도 함께 연기를 마시며 죽을 고비를 넘긴 동료들이 몇 달간 밤을 새워가며 도와준 덕에 데이터를 정리할 수 있었다.

업무와의 연관성을 밝혀줄 역학조사도 받았다. 운이 좋았다. 소방청에서 이제 막 시작한 공상 입증 지원 사업의 첫 수혜자가 된 것이다. 혼자였다면 어디서 역학조사를 받아야 하는지조차 몰라 막막했을 것이다. 역학조사 결과는 '업무 관련성 높음', '특별한 개인 질병력과 가족력이 없고 소방관 근무 이력을 고려하면 혈관 육종은 화재 및 구조 현장에서 유해 화학물질에 노출되어 발생하였을 가능성이 크다'고 나왔다.

그리고 그 무렵, 고 김범석 소방관이 2심에서 승소했다. 드디어 불을 끄다 암에 걸렸다는 사실을 인정받은 것이다. 그래서 김영국 소방관은 한결 가벼워진 마음으로 공무상 요양 승인을 신청했다. 고 김범석 소방관의 판례가 있으니 자신에게도 긍정적인 결과가 있을 거라고 믿었다. 하지만 정부는 7개월이 지나도록 아무런 답이 없었다.

"한두 달 전쯤에 어떤 방향이든 결론이 날 거라고 문자가 왔었는데 아직까지 연락이 없습니다. 제가 좀 안타까운 건, 업무와의 연관성이 없을 수는 없거든요. 화재 현장에서 그 연기를 한번 마셔보시면 관련이 없다는 생각은 못 하실 것 같아요."

소방관을 사명으로 여겨온 그에게 공상은 '보상'이 아닌 '인정'이었다. 아이들 곁을 너무 일찍 떠나버린 나쁜 아빠가 될지언정, 다른 생명을 구하다 떠나게 된 자랑스러운 소방관 아빠로 남고 싶었다.

"금전적 지원을 받는 것 때문에 그렇다기보다는, 그래도 국가의 명을 받고 복무하다가 원치 않은 질병에 걸린 거잖아요. 고 김범석 소방관도 그걸 너무 억울해했기 때문에 유언을 남겨서 아버님께서 소송까지 가셨고요. 명예라고 생각했겠죠. 저도 그 친구와 비슷한 것 같습니다. 현장에서 자기가 살려고 하는 소방관은 아무도 없어요. 근데 저희가 그렇게 일을 하다 병에 걸리거나 다쳤을 때 국가가 외면한다면……. 아…… 이대로 그냥 가만히 있으면 아무것도 아닌 사람처럼 그대로 사라져버릴 수도 있겠다는 생각이 들었어요. 물론 국가가 제 얘기를 들어주든 안 들어주든, 저는 지금이라도 신고가 들어오면 또 출동해서 연기를 마시며 구조 활동을 하겠죠. 동료들도 마찬가지고요. 그게 저희의 사명이니까."

그의 말을 들으며 나는 시 한 편을 떠올렸다. 미국의 한 소방관이 지은 것으로 알려진 「소방관의 기도」라는 시다.

신이시여, 제가 부름을 받을 때에는 아무리 뜨거운 화염 속에서도 한 생명을 구할 수 있는 힘을 주소서. 너무 늦기 전에 어린아이를 감싸 안을 수 있게 하시고, 공포에 떠는 노인을 구하게 하소서.

나를 살려달라는 내용보다는 다른 이를 살릴 수 있게 해달라는 말뿐이다. 그리고 이 시의 마지막은 이렇게 끝이 난다.

그리고 당신의 뜻에 따라 제 목숨이 다하게 되거든, 부디 은총의 손길로 제 아내와 아이들을 돌보아주소서.

공상이 승인되면 치료비 등이 지급되고, 사망한 뒤에는 남겨진 가족에게 기준소득월액의 38퍼센트(유족 가산 5~20퍼센트)에 달하는 순직유족연금과 공무원 전체 기준소득월액 평균액의 24배에 해당하는 순직유족보상금 등이 지급된다. 공상 승인은 명예뿐 아니라, 남겨진 가족이 맞이할 현실의 문제기도 한 것이다.

◆

김영국 소방관과 헤어진 뒤 나는 인사혁신처에 전화를 걸었다. 그의 공상 심사가 어디까지 진행되었는지, 언제쯤 결론이 날지 확인하기 위해서였다. 인사혁신처 관계자는 심사를 기다리는 사람이 많다고 했다. 그럴 거라고 생각했다. 하지만 김 소방관에게 허락된 시간이 얼마 남지 않았을 수도 있었다.

"당연히 그러시겠지만, 김영국 소방관의 경우 공상 승인을 신청한 뒤로 암이 전이돼 시한부 판정을 받았잖아요. 시간이 많지 않을 수도 있는데…… 혹시 김 소방관 앞에 몇 명 정도 대기하고 있는지, 그거라도 좀 알 수 있을까요?"

인사혁신처 관계자는 나의 질문 자체를 압박으로 받아들인 것 같았다. 사정 없는 사람 없을 텐데 언론에서 취재한다고 먼저 해줄 수는 없는 노릇 아니냐고 답한 것이다. 맞는 말이었다. 그런 일은 김 소방관부터 원치 않을 터였다.

나는 전화를 끊었고, 김 소방관에게도 인사혁신처와의 통화 내용을 알리지 않았다. 결과가 나오기까지 꽤 시간이 걸릴 듯했기 때문이다. 하지만 몇 달 뒤, 그에게서 먼저 전화가 걸려왔다.

"기자님, 저…… 저 승인받았습니다! 하하. 마음 써주셔서 정말 감사합니다."

혈관육종으로 공상 인정을 받은 첫 사례였다. 내 일처럼 기뻤다. 이제 그만 주황색 옷을 벗고 집으로 돌아가 건강 회복에 전념하면 좋으련만, 그는 그럴 마음이 전혀 없어 보였다. 그에겐 남은 일이 있었다.

"조용히 살고 싶은 게 사람 마음이지만, 이대로 가만히 있다가는 동료들이 언젠가 제가 겪은 그 힘든 과정을 똑같이 겪게 될 테니까요. 모두들 한 생명이라도 더 살려보겠다고 유해가스 가득한 암흑 속을 헤치고 다녀요. 저희가 무슨 공기필터도 아니고 그 연기를 온몸으로 받아내며 활동하는데, 유해물질에 노출되는 건 불 보듯 뻔하잖아요. 그런데도 업무 관련성이 없다고 소방관을 법정에까지 세우는 건 수명을 다했으니 폐기 처분되는 것과 뭐가 다르겠습니까? 저는 직접 겪어봤으니 알잖아요. 얼마나 힘든지."

그는 양복을 깔끔히 차려입고 국회 국정감사장에 섰다. 국회의원과 소방청장 등이 자리한 국감장에 그의 목소리가 울려 퍼졌다.

"불현듯 찾아온 병마에 공상 승인마저 불투명하니 마치 국가로부터 버림받은 기분이었습니다. 하물며 집에서 키우는 반려동물조차도 병들었다고 내치지 않는 세상인데, 소방관의 인권이 국가로부터 존중받지 못하는 현실이 참 개탄스럽기까지 했습니다."

그 뒤로도 김 소방관은 몇 차례 국회를 찾아 더는 병든 소방관을 억울하게 만들지 말아달라고 목소리를 냈다. 병든 소방관을 돕기 위한 '기부'도 했다. 보도 이후 여기저기서 보내온 기부금을 공상 입증 지원 사업에 써달라고 다시 기부한 것이다. 김 소방관은 이 사업의 수혜를 입어 역학조사를 받았지만, 다른 동료들도 도움을 받을 수 있을지는 불투명한 상황이었다. 국가 예산이 투입돼 안정적으로 운영되는 사업이 아니라, 기업과 개인의 후원을 받아 운영되고 있기 때문이었다.

나는 병든 소방관이 또 다른 병든 소방관을 위해 주머니를 털어야 할 정도로 이 사업에 많은 예산이 필요한 것인지 궁금했다. 살펴보니 그건 아니었다. 한 기업이 낸 1억 원으로 김 소방관을 비롯해 서른 명의 소방관이 도움을 받은 것으로 나타났다.

미국, 캐나다, 호주 등에는 '공상추정법'이 있다. 암에 걸린 소방관이 '불을 끄다 걸렸다'는 것을 입증하기 위해 뛰어다녀야 하는 우리나라와는 달리, 이들 나라에서는 기본적으로 소방관이 병에 걸리면 '일을 하다 걸렸다'고 본다. 질병마다 최소 근무 연수 등을 엄격히 정해두고 그 조건에 해당하면 업무와의 연관성을 인정해주는 식이다. 업무 관련성이 의심된다 해도 그것을 입증할 책임은 '국가'에 있다.

20대 국회에서도, 21대 국회에서도 공상추정법이 발의됐지만, 통과되지는 않았다. 예산, 다른 공무원과의 형평성 등이 문제가 된 것이다. 물론 세금이 들어가는 사업인 만큼 충분한 논의와 사회적 합의가 필요하다는 데 동의한다.

다만, '국민을 구하라'는 국가의 명령을 충실히 이행한 소방관이 다치고 병들었다면 적어도 '억울하다, 버림받았다'는 마음을 갖게끔 방치해서는 안 되지 않을까. 무조건 공상을 인정해주자는 것이 아니라, 소방관 개인에게 입증 책임을 오롯이 묻는 건 개선되어야 한다는 것이다. 적어도 아픈 소방관이 주머니를 털어 동료의 역학조사를 돕고, 동료의 출동 데이터를 밤새 수집해주는 일이 반복되지 않도록 말이다. 소방관 개별 출동 데이터를 조직

차원에서 관리하고, 어떤 현장에서 어떤 유해물질에 노출되고 있는지 연구해 데이터를 마련해둔다면, 소방관의 입증 책임을 한층 덜어줄 수 있을 것이다.

◆

마지막으로 김영국 소방관을 만났을 때는 의사가 말한 '1년'까지 고작 넉 달이 남은 상황이었다. 하지만 그는 건강해 보였다. 다행히 폐의 종양이 흔적만 보일 정도로 상태가 많이 호전된 것이다. 그는 이 소방서에서 자신이 제일 건강해 보이지 않느냐고 호쾌하게 웃으며, 힘닿는 데까지 계속 목소리를 내고 싶다는 말을 남겼다.

"기자님이 아니었다면 저도, 또 제 이야기도 그냥 묻혔을 텐데, 그렇게 되지 않아 저는 그나마 다행인 거죠. '난 이제 공상 받았다' 하고 뒤돌아서고 싶지는 않아요. 지금 이런 제도 안에서 병이 든다면 어떤 상황을 겪을지 저는 뻔히 아니까…… 힘닿는 데까지 목소리를 내고 싶어요. 여기에 변화가 있을 때까지."

그로부터 몇 달 뒤, 나는 다시 한번 김영국 소방관에게 전화를 걸었다. 경기도 이천 쿠팡 물류센터 화재 현장에서 김동식 구조대장이 실종된 때였다. 어떤 현장에서든 'First in, Last out' 원칙을 고수했다는 김동식 구조대장에 대한 기사를 읽으며, 김영국 소방관을 떠올렸던 거다.

그는 바로 전화를 받았고, 우리는 반갑게 서로의 안부를 물었다. 내가 불 끄러 다닐 때 조심하라는 인사를 건넸을 때였다. 짧은 침묵이 이어진 뒤, 그가 조용히 말했다.

"기자님, 저 이제 소방서 안 나가요. 그게…… 제가 재발했어요, 다시. 하하. 네, 잘 이겨내야죠. 걱정해주셔서 감사합니다."

대한민국 소방관 김영국, 그는 지금도 병마와 싸우고 있다.

춤추는
손가락

처음으로 그들에게 관심을 갖게 된 건 그들이 화면 속 작은 동그라미를 벗어나 본래의 크기를 되찾았을 때였다.

코로나19라는 새로운 바이러스가 세상을 발칵 뒤집어놓은 2020년 초에는 TV 채널을 어디로 돌려도 코로나에 관한 뉴스만 나왔다. 엄마가 TV를 보다 물었다.

"민용아, 근데 저 사람들은 괜찮아? 마스크 안 쓰고 저렇게 붙어서 얘기해도 되는 거야? 저러다 다들 격리라도 되면 어떡해?"

엄마의 손가락은 TV 속 '수어통역사'를 가리키고 있었다.

"글쎄 방송이라 벗은 거 아닐까? 나도 뉴스 진행할 때는 마스크 벗잖아."

나는 수어통역사들이 '방송 중'이라 마스크를 안 쓰고 있는 줄만 알았다. 드라마든 예능이든 TV 속에서는 다들 마스크를 안 썼고, 나조차도 뉴스를 진행할 땐 마스크를 벗었으니 통역사들도 으레 그랬으리라 생각한 거다.

이들이 마스크를 '벗어야만' 하는 사람들이라는 걸 알게 된 건 그로부터 조금 지난 뒤였다. 나처럼 생각한 사람이 꽤 많았는지, 수어통역사가 왜 마스크를 벗는지에 대한 글이 온라인에 올라왔다.

수어에서는 얼굴 표정이 반이거든요. 마스크로 가리면 무슨 말인지 알 수가 없는 거죠.

手語. '손 수' 자에 '언어 어' 자니 으레 '손'만 쓰는 줄 알았는데, 아니었던 것이다. 처음 듣는 이야기였다. 표정이 그토록 중요하다는 사실도 그렇지만, 내가 그 사실을 '이제야' 알게 됐다는 점에 나는 놀랐다. 간단한 외국어 인사말 정도는 상식으로 여기면서, 전 세계 농인●이 쓰는 수어의 아주 기초적인 부분조차 모르고 살았다니.

그러고 보니 30년 넘게 살아오면서 단 한 번도 수어를 쓰는 사람을 직접 본 적이 없었다. 학교에서도, 식당에서도, 지하철에서도, 그 어디에서도 말이다. TV에서 수어통역사를 보긴 했지만, 그들은 늘 작은 동그라미 안에 갇혀 있었다. '와, 저 사람 봐. 표정이 참 다양하네. 수어에는 표정이 중요한가 보다' 하고 깨닫기에는 그 동그라미는 너무나 작았다.

나는 내가 몰랐던 꼭 그만큼 알고 싶어졌고, 알리고 싶었다.

◆

작은 동그라미를 벗어난 수어통역사를 만나기 위해 KTX에 올

● 청각장애인 중 한국수어를 제1언어로 사용하고 그에 기반한 농문화를 영위하며 사는 사람.

랐다. 중앙방역대책본부 브리핑이 열리는 오송행 열차였다. 일찍 도착해서인지 브리핑실은 텅 비어 있었다. 조명도 단상 위 하나만 덩그러니 켜져 있었다. 예전 같으면 기자들로 북적거렸을 텐데, 코로나 때문에 최소 촬영 인력만 들어오도록 한 것이다.

조용히 카메라를 세팅하고 있는데, 순간 실내가 환해졌다. 뒤를 돌아보니 위아래 검은색 옷을 입은 사람들이 불을 켜고 있었다. TV에서 많이 보던 얼굴들, 수어통역사였다. 그들의 등장은 하나의 상징 같았다. 나는 환해진 브리핑실에 서서 그들을 바라보며 생각했다. '아, 이들이 등장하면서 많은 농인의 삶이 지금 이 순간처럼 밝아졌겠구나.'

코로나19 정례 브리핑은 상당한 집중력을 필요로 했다. 급박하게 진행되는 만큼 사전 자료도 없는 데다, 익숙하지 않은 의학용어도 자주 등장했다. 그래서 한 시간가량의 브리핑을 두 명의 수어통역사가 나눠서 담당하는데, 이날 통역을 맡은 사람은 고은미, 김동호 통역사였다.

TV에서 자주 보던 얼굴들이라 반가운 마음에 알은체를 하고 싶었지만, 말을 붙이기엔 잔뜩 긴장한 모습이었다. 농인들 모두 자신만 바라보고 있을 테니 긴장되는 것도 당연했다. 나는 한 걸음 물러서서 통역을 준비하는 그들을 조용히 지켜보았다.

내가 뉴스에 들어가기 전 "아아" 하고 목을 풀 듯, 수어통역사들은 손을 풀었다. 내가 원고를 소리 내 읽어보는 것처럼, 그들도 손가락을 이렇게도 움직여보고 저렇게도 움직여보고 있었다. 빠르게 움직이는 그 손가락을 가만히 보고 있자니, 어느 여름날 아파트 경비실 뒤편에서 만났던 나비들이 떠올랐다. 여름 햇살을 맞으며 나풀나풀 날아다니던 흰 나비들, 가까이 다가가도 도망치기는커녕 내 주변을 맴돌 듯 날아다니는 그 모습이 아름다워 홀린 사람처럼 꽤나 오래 지켜봤는데, 통역사들의 손가락은 마치 그 여름날의 나비들 같았다. 나풀나풀 춤을 추었고, 반짝반짝 빛이 났다.

"곧 브리핑 시작할게요."

손가락이 멈췄다. 정은경 질병관리청장이 단상에 오르자, 통역사도 조심스레 마스크를 벗고 그 옆에 나란히 섰다. 늘 발표자만 바라보다가 수어통역사에게로 시선을 옮겨서였을까, 아니면 브라운관으로 보던 연극을 난생처음 대학로 소극장에서 보게 됐을 때의 감동 같은 것이었을까. 실제로 본 수어통역은 TV에서 보던 것보다 훨씬 멋졌다.

눈썹을 들었다 났다, 입꼬리를 내렸다 올렸다, 통역사의 얼굴은 마치 연기파 배우 같았다. 손가락의 움직임은 또 어떻고. 무용수처럼 입 앞에서 눈앞에서 가슴 앞에서 우아하게 춤을 췄다. 거기엔 묘한 리듬감마저 있어서, 어떤 때는 이들이 눈에 보이지 않는 투명한 악기를 연주하는 것처럼 느껴지기까지 했다.

브리핑이 끝난 뒤 통역사가 제일 먼저 한 일은 마스크를 다시 쓰는 것이었다. 나는 기진맥진한 통역사들을 다시 우리 카메라 앞에 앉혔다. 당연하다는 듯, 이번엔 그 누구도 마스크를 벗지 않았다.

"전들 겁이 안 나겠어요? 마스크 안 쓰면 감염된다는데 당연히 겁나죠."

두 수어통역사는 마스크를 벗는 건 겁나는 일이라고 입을 모았다. 실제 그들은 단상에 올라가기 직전에야 마스크를 벗었고, 내려오면 마스크부터 썼다. 하긴, 왜 안 무섭겠는가. 내가 이들을 만난 2020년만 해도 백신이 개발되기 한참 전이라 마스크는 코로나에 맞설 유일한 무기였다.

하지만 그런 통역사의 두려움을 아는 사람은 그리 많지 않은 듯했다. 마스크를 왜 안 쓰냐는 항의를 자주 받은 것이다. 그럴 때마다 통역사들은 "수어는 표정이 반이라 얼굴이 보여야 의미를 전달할 수 있거든요"라고 설명해야 했다.

"표정이 얼마나 중요한 거예요?"

내 질문에 김동호 통역사는 잠시 마스크를 내려도 되겠느냐며 양해를 구하더니, 턱 앞에서 바깥을 향해 손을 길게 뽑아내는 동작을 하며 한 번은 환하게 웃고, 한 번은 얼굴을 잔뜩 찌푸렸다.

"이렇게 웃으면 '아, 행복하다'고요. 이렇게 찌푸리면 '아, 불행해'예요. 완전히 달라지죠? 저희는 표정을 다 연출해요. 그 강도도요. 잔뜩 찌푸릴 것인지, 조금 찌푸릴 것인지."

같은 동작도 표정에 따라 뜻이 180도 달라지는 것이었다. 통역사들이 늘 검은색 옷만 입는 것도, 이런 미묘한 표정 변화까지 잘 보이도록 시선이 분산되는 걸 막기 위해서였다. 그런 사정도 모르고 왜 마스크 안 쓰냐고 하면 속상하지 않느냐고 묻자, 고은미 통역사는 고개를 저었다. 응원은 농인들로부터 넘치도록 받고 있다는 것이었다.

"농인분들은 마스크 쓰면 전달이 안 된다는 걸 너무 잘 알고 계시잖아요. 그래서 '마스크도 못 쓰고 정말 고생이 많다, 건강 조심해라' 하고 걱정 어린 말씀을 해주세요. 그럴 때마다 정말 뭉클하고 감사하죠."

농인들의 눈에는 제대로 보였던 거다. 나의 눈에는 서로 감염될 우려가 있는 '위험한 모습'으로만 보였던 그 풍경의 진짜 모습이.

수어통역사들은 코로나 브리핑을 계기로 나처럼 '알게 된' 사람이 많다며 감사한 일이라고 말했다. 그렇기 때문에 더더욱 코로나를 조심하고 있다는 말도 덧붙였다. 처음으로 공공 수어통역이 작은 동그라미를 벗어나 발표자와 같은 크기로 이뤄지면서, 농인들은 드디어 나의 언어가 인정받는다는 생각을 하게 됐고, 청인*들은 수어와 농인에 대해 알아가기 시작했는데, 수어통역사

• 수어가 아닌 음성언어를 쓰는 사람. 농사회에서는 '비장애인' 대신 '청인'이라고 부른다.

가 감염돼 통역이 중단되는 일이 생기면 절대 안 된다는 것이었다. 그들에게 감염은 감염 그 자체를 넘어선 무언가였다.

"저는 사실 코로나에 걸리는 그 자체보다, 제가 감염돼 저 때문에 브리핑실이 오염되는 게 더 걱정이거든요. 수어통역사야 여러 명이지만 여기 계신 청장님이나 정부 발표자들은 대체 불가능한 분들이잖아요. 공공 수어통역이 간신히 첫발을 뗐는데, 모두에게 동등하게 정보를 전달할 수 있는 기회가 어렵게 주어졌음에도 불구하고, 저 때문에 수어통역이 중단된다거나 뭔가 삐걱댄다거나 뒷말이 나온다거나 하면 그것만큼 죄송하고 속상한 일은 없을 거예요."

통역사가 무엇을 걱정하는지 쉽게 상상할 수 있었다. 코로나에 감염된 수어통역사. 바로 옆에서 마스크도 쓰지 않고 한 시간 가까이 브리핑을 한 정은경 청장이 결국 격리된다. 코로나 대응을 이끌어야 할 수장이 격리되다니, '수어통역이 꼭 필요하냐. 자막으로 하면 되지'라는 댓글이 달리기 시작한다.

나라고 크게 달랐을 것 같지 않다. 나도 이번 인터뷰를 준비하며 처음 알게 됐다. 수어와 국어는 문법 체계가 달라서 자막만으로는 농인들에게 정확하고 신속한 정보 전달이 어렵다는 것을. 그러니 자막을 깔아주면 되지 않느냐는 말은 '농인은 좀 덜 이해하고 좀 늦게 알아도 된다'는 폭력적인 주장과 다를 바 없다.

공공 수어통역이 이제야 이뤄져 그렇지, 수어는 2016년부터 우리나라의 '공용어'였다. 그때부터 법적으로 한국어와 어깨를 나란히 하는, 동등한 자격을 가진 언어였던 것이다. 그런데도 큰 산불이나 지진같이, 죽고 사는 문제가 걸린 국가적 재난 상황이 발생했을 때조차 수어통역은 이뤄지지 않았다. 정부의 주요 발표에 수어통역이 도입된 것은 2019년 12월, 코로나 사태가 터지기 직전이었다.

그렇다고 코로나19 정례 브리핑 초기부터 수어통역이 원활히 이뤄진 것은 아니었다. 처음 몇 번은 수어통역 없이 브리핑이 진행됐다. 농인들의 항의 끝에 수어통역사가 발표자 옆에 서게 됐지만, 이번에는 방송사가 문제였다. 방송사 대부분이 수어통역사는 쏙 빼고 발표자만 촬영해 방송에 내보낸 것이다. 국가인권위원회가 코로나19 같은 재난 상황을 보도할 때는 반드시 수어통역사를 화면에 포함해야 한다는 긴급 성명을 발표하는 등 여러 조치가 이뤄진 뒤에서야 우리는 비로소 작은 동그라미가 아닌 발표자 옆에 선 수어통역사들을 볼 수 있게 됐다.

그러니까, 수어통역사가 TV 화면 우측 하단의 작은 동그라미를 벗어나 발표자 옆에 서기까지 수십 년간의 지난한 싸움이 있었던 것이다. 나는 꽤 가까운 곳에 있었으면서도, 그 싸움에 대해 잘 알지 못했다. 알려고 하지 않았다는 것이 더 적절할지도 모르겠다.

내가 인터뷰를 하는 동안 가장 많이 한 말이 '몰랐었다'였다면,

수어통역사는 '감사하다'였다.

"이렇게 수어통역사가 발표자 옆에 나란히 서서 똑같은 크기로 화면에 나가는 게 우리나라에서는 처음이잖아요. 수어도 한국어처럼 우리 국어로 인정받았지만, 농인들은 법적으로만 그럴 뿐 현실에서는 달라진 게 없다고, 아무도 수어가 언어라고 여기지 않는 나라에서 살고 있다고 생각해왔어요. 그런데 이번에 처음으로 TV에서 엄청 크게, 우리가 그냥 뉴스 보듯 수어통역이 제공됐잖아요. 농인분들이 그걸 보고 본인의 언어가 인정받았다는 느낌을 받으신 것 같아요. 나의 존재를 인정받는다는 것만큼 기쁜 일이 어디 있겠어요? 저도 정말 감사하거든요. 우리나라가 누구에게나 동등하게 정보를 제공해준다는 게요."

코로나19 브리핑에서 수어통역이 이뤄진 건 천만다행이었지만, 그것만으로는 부족했다. 청인들이 마스크 때문에 숨 쉬기 답답하다고 아우성일 때, 농인들은 의사소통을 할 수 없는 답답함에 가슴을 치고 있었다. 소리를 '보는' 사람인 농인에게 마스크로 얼굴 절반을 가린 세상은 시련 그 자체였다. 청인들의 입술 모양을 읽을 수 없는 것은 물론, 농인끼리 수어로 대화하는 데도 어려움을 겪었다. 농인들은 빠르게 세상과 단절되기 시작했다.

마스크에 가로막힌 농인의 삶을 구하기 위해 밤새워 재봉틀을 돌린 농인이 있었다. 서울농아인협회 강북구지회장을 맡고 있는 안성인 씨였다. 그녀는 입 모양이 보이는 투명 마스크를 혼자서

600장이나 만들었다.

◆

강북구지회 사무실은 수유역 인근의 한 상가 건물 5층에 있었다. 어디서나 볼 법한 평범한 상가였다. 하지만 엘리베이터에서 내려 유리문을 밀고 들어가자 새로운 세계가 펼쳐졌다. 그것은 '고요의 세계'였다. 순간 '내가 방금 밀고 들어온 저 평범한 유리문이 사실은 대단한 방음벽이었나' 하는 생각마저 들었다.

가만히 귀를 기울여보니 손과 손이 부딪히며, 살갗이 스치며 나는 소리가 들렸다. 사무실 안 사람들은 손으로, 눈썹의 움직임으로 말을 하고 있었다. 목소리라고는 성대가 절로 움직이며, 농인 자신도 모르게 새어 나오는 소리밖에 없었다. 나는 우두커니 서서, 어쩔 줄을 몰랐다. 나의 자리와 그들의 자리가 뒤바뀌는 순간이었다. 나는 난생처음, 음성언어를 쓰는 이방인으로 농인의 세계에 들어섰다.

우리의 소리를 '들은' 통역사가 다가와 인사를 건넸다. 그러고는 입 모양이 보이는 투명한 마스크를 주었다. 이곳에 머무는 동안은 이 마스크를 쓰라고 했다. '고요의 세계'로 들어가는 일종의 입장권 같은 것이었다.

투명 마스크를 쓰고 만난 정인 씨는 조용하지만 열렬하게 환영해주었다. 그녀가 나를 향해 웃으며 수어를 할 때마다, 어깨쯤 내려오는 검은 단발머리가 '만나서 반가워요' 하고 기쁨의 악수를 건네듯 앞뒤로 찰랑거렸다.

지금도 그렇지만, 당시 우리 모두는 코로나로 기울어진 배에 타고 있었다. 공포와 불안감은 지금보다 더 컸다. 그리고 배가 기울어질 때면 늘 그러하듯, 정인 씨는 이번에도 자신이, 농인이 뒷전으로 밀린 기분이었다. 확진자와 동선이 겹쳐 검사를 받으러 간 선별진료소에서 농인들은 번호를 부르는 것을 '보지 못해' 하염없이 기다려야만 했다. 농인이라면 누구나 이런 경험 하나쯤은 갖고 있었다.

그래서 그녀는 정부가 입 모양이 보이는 투명 마스크를 만들어주기를 바랐다. 더 정확하게는, 마스크로 인해 어려움에 빠진 농인의 세계를 헤아려주기를 바랐다. 하지만 정부는 조금은 다른 방식으로, 그런 바람은 헛된 것이며 그들 스스로가 길을 찾아야 한다고 답했다.

마스크 구하기가 '하늘의 별 따기'가 된 시절이었다. 정부는 마스크 품귀 현상을 해소하기 위해 중소벤처기업부 산하 공영홈쇼핑을 활용하기로 했다. 마스크 100만 개를 확보해 마진 없이 1,000원대에 판매하겠다고 한 것이다. 혜택이 골고루 놀아살 수 있도록 1가구 1세트로 구매를 제한하는 원칙도 만들었다. 정보취약 계층을 위한 '배려'도 잊지 않았다. 온라인 주문이 익숙하지 않은 노년층을 위해 무려 '전화 주문'만 받겠다고 했다.

'왜요? 우리 모두 전화 정도는 걸 수 있잖아요?' 어깨를 으쓱하며 되묻는 듯한 정부의 태도에 농인들은 큰 충격을 받았다. 우리의 어려움을 헤아려주기는커녕, 이 나라에 전화를 걸 수 없는 사람이 약 42만 명이나 된다는 기본적인 사실부터 주지시켜야 할 판이었다. 그런데 참 희한했다. 청각장애인 42만 명 모두 정부에 등록된 사람들인데, 정부는 왜 마치 한 명도 없는 것처럼 구는 걸까. 왜 정부의 '배려'라는 것은 듣고 소리 내 말할 수 있는 사람만 받을 수 있는 걸까.

결국 그녀는 '자급자족'을 선택했다. 마스크를 구하기 힘든 농인들을 위해 직접 천 마스크를 만든 것이다. 마스크를 받아 든 농인들은 모두 고맙다고 말하면서도, 혹시 입 모양이 보이게 만들어줄 수도 있느냐고 조심스레 물어왔다. 그것은 그녀 자신도 바라는 일이었다. 그때부터 그녀는 책 싸는 비닐, 비닐우산 등 비닐이라면 뭐든 닥치는 대로 가져와 투명 마스크로 만들었다. 하지만 모두 너무 흐물거리거나 너무 빳빳했다. 그렇게 몇 번의 실패를 거듭했을까. 드디어 염색약이 눈에 튀지 않도록 붙여주는 비닐 캡으로 투명 마스크를 만드는 데 성공했다.

그날부로 정인 씨는 말하는 것을 멈추었다. 그녀의 손은 오직 재봉틀을 돌리는 데만 쓰였다. 드르륵드르륵. 그녀의 집은 밤이고 낮이고 재봉틀 돌리는 소리로 가득했다. 고요를 되찾은 건 투명 마스크 600장을 다 만든 뒤였다.

이 이야기를 할 때 정인 씨는 손으로 바느질하는 시늉을 하며 눈을 부릅떴다. 나는 통역 없이도 그녀가 무슨 말을 하고 있는지 알 수 있었다.

"작은 바늘구멍을 한 땀 한 땀 보느라 눈이 정말 아팠어요."

나는 그녀와 대화를 나누며, 대화의 내용 그 자체보다도 대화의 방식, 그러니까 수어 그 자체에 감탄했다.

대화할 때, 우리는 눈을 맞추고 서로의 얼굴을 지그시 바라보았다. 자그마한 떨림까지 알아볼 수 있을 정도로. 그것은 색다른 경험이었다. 우리가 진정 서로를 이해하기 위해 대화하고 있다는 느낌이었다.

그녀의 눈썹과 눈썹 사이 근육이 오므라졌다 펴졌다 춤을 출 때, 내 입꼬리도 스텝을 맞추듯 올라갔다 내려갔다. 쿵짝짝 쿵짝짝. 그녀의 손을 맞잡고 왈츠를 추는 기분이었다. 수어는 신체적 결함이 있어 어쩔 수 없이 선택한, 음성언어의 하위 언어가 결코 아니었다. 그 자체만으로 완전했고 아름다웠다.

그녀의 손에 이끌려 춤을 추던 나는, 마지막 순간 손을 내밀었다. "마지막으로 꼭 하고 싶은 이야기가 있으신가요?"라고 수어로 말을 건넸다. 앞서 만난 수어통역사가 알려준 대로 연습하고 또 연습한 것이었다.

와하하 웃음소리가 터져 나왔다. 정인 씨의 아름다운 수어를 함께 지켜보던 우리 촬영팀이 뻣뻣하고 어설픈 내 손놀림에 그만 웃음을 터뜨린 것이다. 민망함이 몰려왔다. 내 딴에는 열심히 했는데, 이런 잔인한 사람들 같으니!

그런데 곧이어 여기저기서 웃음소리가 터져 나오는 것이 아닌가. 이번에는 한 걸음 떨어져 인터뷰를 지켜보던 농인들이었다. 내가 웃기긴 웃겼나 보다 싶어, 나도 그만 따라 웃어버렸다. 고요의 세계가 모처럼 시끄러워졌다. 우리의 똑 닮은 웃음소리가 고요를 깨고 사방으로 퍼져나갔다.

◆

수유역 근처에 자리한 농인의 세계에 다녀온 뒤 나는 종종 미국에 있다는 한 아름다운 섬에 대해 생각했다.

미국 보스턴에서 두 시간 반 정도 차를 타고 남쪽으로 내려가면, 아름다운 섬 하나가 나온다. 마서즈비니어드라는 섬이다. 어찌나 아름다운지 버락 오바마, 빌 클린턴 등 미국 대통령이 휴가지로 선택한 곳이었다. 하지만 내가 상상한 아름다움은 그런 종류는 아니었다.

1952년, 마지막 농인이 숨을 거두기까지 이 섬에는 농인이 많이 살았다. 유전적 이유였다. 17세기 이 섬에 정착한 한 집안이 청각장애의 열성유전자를 갖고 있었는데, 고립된 섬 특성상 200여

년 동안 근친결혼을 거듭하며 청각장애 유전자가 퍼진 것이었다. 자연스레 수어는 제1언어가 됐다. 농인, 청인 할 것 없이 주민 대부분이 수어를 할 줄 알았다. 청인들만 있는 자리에서도 쓰일 정도로 수어는 보편적인 언어였다고 한다.

당연히, 한 사람을 설명할 때 그가 듣지 못한다는 것은 별다른 특징이 되지 않았다. 훗날 노라 엘런 그로스라는 의료인류학자가 이 섬에서 살아간 청각장애인의 삶을 연구하기 위해 주민들을 인터뷰했는데, 그 내용이 가히 경이롭다. 농인 한 명 한 명은 청각장애인이 아닌, 그들이 가진 고유한 특징으로 기억됐다.

"할머니는 이사야와 다비드에 대해서 아십니까?"

"예! 그들은 아주 훌륭한 어부였어요. 정말로 아주 훌륭했어요."

"그들은 다 청각장애인이 아니었던가요?"

"예, 가만 생각 좀 해봅시다. 그런 것 같네요. 그 사실을 전 잊고 있었군요."

어떤 노인은 "나는 청각장애인을 사람마다 목소리가 다르다고 생각하는 것 이상으로 생각하지 않았소"라고 했고, 어떤 할머니는 "오, 그들은 장애인이 아니었어요. 단지 듣지 못하는 사람들이었지요"라고 말했다.

이 섬의 사람들은 청각장애를 그저 가끔 일어날 수 있는 일 정도로 여겼다. 누구도 부끄러운 것으로 여기지 않았다. 농인들은 누구와도 자유롭게 결혼했으며, 교회 활동에도 적극적이었다. 돈

도 평균만큼 벌었고, 심지어 몇몇은 아주 부자였다.•

비슷한 시대를 살았던 다른 지역 농인들의 삶은 어땠을까. 수어를 깊이 연구한, 세계적인 신경학자 올리버 색스는 저서 《목소리를 보았네》(김승욱 옮김, 알마, 2012)에서 이렇게 기록하고 있다.

그들은 언어가 없어 가족과도 의사소통을 할 수 없었다. 문자를 익히고 교육을 받아 세상에 대한 지식을 얻을 수 없었으므로, 당연히 가장 비천한 일밖에 할 수 없었다. 대개 극빈에 가까운 상황에서 혼자 살았다. 사회와 법은 그들을 정박아와 거의 다를 것이 없는 존재로 대우했다.

한 사람에게 '언어'가 존재하지 않는다는 것은 이런 것이었다. 청각장애의 가장 큰 문제는 단순히 들을 수 없다는 것이 아니었다. 생각을 담을 도구가 없다는 것, 그래서 영원히 자기 자신 속에 갇힌 채 살아가야 한다는 것이었다. 그러니 수어를 언어로 인정하지 않겠다는 태도는 얼마나 폭력적인가.

마서즈비니어드섬은 말해준다. 들을 수 없는 사람에게도 생각

• 《마서즈비니어드섬 사람들은 수화로 말한다》 (노라 엘런 그로스 지음, 박승희 옮김, 한길사, 2003) 참고.

을 담을 '언어'가 존재하는가, 그 언어를 사회는 얼마나 받아들이고 있는가에 따라 농인을 향한 장벽은 한없이 견고해지기도, 또 허물어지기도 한다는 것을.

나는 코로나19 브리핑을 볼 때마다 상상한다. 장애를 구분 짓는 것은 신체적 손상 그 자체가 아닌 사회적 관념이라는 것을 수백 년에 걸쳐 증명해낸 그 섬에 대해서.

그리고 그 상상은 늘 같은 질문으로 끝이 난다. '언젠가 우리가 그때 그 섬에서처럼 동등하게, 함께 어울려 살아갈 수 있을까?' 그때마다 나의 대답은 'Yes'. 인류애나 인권 같은 거창한 개념을 끌어오지 않고도 'Yes'다. 무엇보다 우리는 행복에 겨워 터져 나오는, 도저히 숨길 수 없는 기쁨의 소리, 웃음소리를 공유하는 사이므로.

안내견의
하루

수어통역사가 작은 동그라미를 빠져나왔을 때, 단지 크기가 커져 눈에 띄게 된 것만으로 많은 것이 바뀌었다. 보이니 궁금한 점이 생겼고, 궁금하니 알게 됐고, 알게 되니 더 이상 예전과 같을 수 없었다. 물론 알고도 변하지 않는 사람도 있겠지만, 그런 사람보다 그렇지 않은 사람이 더 많다는 것을 나는 안다. 그러니 장애인과 비장애인, 우리 서로 더 자주 마주치며 살 필요가 있지 않을까.

'이제는 바꾸자'고 외치고 있는 장애인을 둘러싼 무수히도 많은 문제 중 '이동권'이 해결된다면, 장애인도 원하는 곳 어디든 자유로이, 가벼운 마음으로 향할 수 있다면, 그래서 연인과 근사한 저녁 식사를 하러 간 레스토랑에서, 출근길 지하철에서 우리가 서로를 더 마주칠 수 있다면. 그럴 수만 있다면 조금 더 쉽고 빠르게 변화를 만들어낼 수 있지 않을까. 수어통역사가 작은 동그라미를 빠져나왔을 때처럼.

말하자면 나는 이런 마음으로 화장실에 서 있었다. 벽에 붙은 거울을 힐끗 쳐다봤다. 마스크를 써서 눈밖에 안 보이지만, 역시 세 보인다. 날카로운 눈매, 어지간한 남자 못지않은 큰 키. 환불원정대까지는 아니더라도 '참지 않을 사람처럼'은 생겼다.

'괜히 나 때문에 현실이 왜곡되는 거 아냐? 혜경 씨 혼자 들어가라고 할까?' 거울 속 내 모습을 요리조리 뜯어보며 고민에 빠졌다.

이게 웬 희한한 고민인지 설명하려면 혜경 씨가 누군지부터 소개해야 한다. 혜경 씨는 한 줄기 빛조차 볼 수 없는 전맹 장애인이다.

태어났을 때부터 그랬던 것은 아니다. 혜경 씨도 한때는 모든 것을 볼 수 있었다. 하지만 열 살 때부터 서서히 시력이 떨어지기 시작해, 열세 살의 어느 아침 결국 온 세상의 빛을 잃고 말았다. 그날 이후 혜경 씨는 자동차가 생각보다 가까이서 달린다는 것, 길에는 걸려 넘어지고 부딪힐 만한 장애물이 굉장히 많다는 것을 알게 됐다. 손에는 '흰 지팡이'가 쥐어졌고, 어린 혜경 씨는 그 지팡이로 두들기며 길을 걸었다.

하지만 지금은 아니다. 지금 혜경 씨는 지팡이 대신, 검고 맑은 눈의 소유자, 보드라운 갈색 털을 찰랑이며 위풍당당하게 걷는 안내견과 함께하고 있다. 그리고 나는 그 안내견의 하루를 담는 중이었다. 여기저기서 '개는 들어오면 안 돼요' 하고 거절당하는 게 일상인 안내견의 하루 말이다(혜경 씨의 안내견에게는 어여쁜 이름이 있지만, 여기서는 그냥 '안내견'이라고 부르겠다. 혹여 사람들이 알아보고 이름을 부르면, 안내견이 갑자기 반응해 시각장애인이 위험에 빠질 수 있기 때문이다).

◆

우리가 점심을 먹으러 찾아간 상가는 2층까지 가게가 빼곡이 들어선 식당가였다. 유럽 느낌이 물씬 나는 분홍빛 벽돌 건물, 지은 지 얼마 되지 않은 세련된 건물을 둘러보며 과연 이 중 몇 곳이 우리를 거부할까 가늠해봤다. 건물이 신식이니 왠지 사람들 사고방식도 신식일 것 같았다. 유별난 한두 군데를 제외하고는 다들 우리를 환영해주지 않을까.

사실 안내견은 어디든 갈 수 있다고 법으로 보장해놓은 지도 벌써 20년이 넘었고, 안내견 출입을 거부하면 과태료 300만 원을 물 수 있다는 기사가 나온 것도 여러 번이다. 법적인 걸 모르더라도 시각장애인과 함께 온 안내견을 내쫓는다는 건 누구나 할 수 있는 쉬운 일은 아니지 않나. 적어도 내 기준에선 그랬다.

게다가 이번에는 참지 않을 사람처럼 생긴 나도 있다. 내가 옆에서 눈을 부라리면 '안 돼요' 하다가도 '돼요' 할 것 같다. 그럼 어떡하지, 촬영 접고 다른 아이템을 찾아야겠다, 별별 생각을 하며 음식점 문을 밀고 들어갔다.

"안 돼요. 아니, 이거(안내견)를 데리고 오면 안 되죠."

내가 보는 나는 개로 치면 진돗개 정도는 됐는데, 남이 보는 나는 말티즈 정도였나 보다. 참 괜한 걱정을 했다. 내가 있든 말든, 우리가 들어서는 순간 누군가가 후다닥 뛰어나와 우리를 막아섰다. 너무 놀란 건지, 아니면 정말 필사적으로 막아야겠다고 생각한 건지 다들 손부터 뻗었다.

"강아지는 안 돼요." 하이파이브하듯 두 손바닥을 내보이며 막거나, 안내견을 '이거'라고 부르며 손가락질하거나, 두 손으로 X 자를 크게 만들어 혜경 씨 눈앞에 들이밀었다. 그렇게 해도 혜경 씨에게는 보이지 않는데.

그래도 안내견한테는 그 손들이 보였으니 그들은 소기의 목적을 달성한 셈이었다. 자신을 향한 몸짓의 의미를 안내견은 잘 알고 있었다. 손이 튀어나오면 안내견이 우리 중 제일 먼저 고개를 돌려 나갈 준비를 했다. 문을 향해 고개를 돌린 안내견의 눈이 '아휴, 나도 여기 있기 싫거든요? 언니들 뭐 해? 우리 빨리 나가자. 참 내'라고 말하는 듯했다.

현실을 왜곡하지 않기 위해 개입하지 않으려 했지만 계속되는 거절에 결국 끼어들고 말았다. 우리를 막아서는 손 앞에서 나는 눈에 힘을 빡 주고 또박또박 말했다. "이 개는 그냥 개가 아니고, 시각장애인의 눈이 돼주는 안내견이에요. 안내견을 정당한 사유 없이 쫓아내면 과태료를 물어야 해요."

"알아요."

놀랍게도, 전혀 먹히지 않았다. 되레 다들 안다고 했다. '알고 있지만 여긴 음식점'이라고 했다. 내가 과태료 300만 원을 물 수도 있는데 괜찮겠느냐고 압박해도 그들은 아랑곳하지 않았다. 뜬금없이 차 안 가져왔느냐고 물으며 차에 개를 두고 오라고 하거나, 나만 들어올 수 있다고 했다. 왜 하필 다른 손님들 있는 점심시간에 밥 먹으러 왔냐는 말을 한 식당도 있었다. 우리도 밥때가 되어서 들어온 건데……. 누구 하나 '어머 몰랐어요. 안내견이구나. 어서 들어오세요'라고 말해주지 않았다.

이날 우리는 파스타를 먹으려 했다. 파스타가 당겨서라기보단, "평소에 출입 거부 많이 당하세요?"라는 내 질문에 혜경 씨가 "그럼요. 파스타집은 100퍼센트예요"라고 답했기 때문이다. 그래서 마지막 남은 파스타집인(줄 알았던) 이곳에서 난 꽤 필사적이었다. 하지만 식당도 만만치 않았다. '개는 안 된다'에서 '단체 손님이 있어서 한 시간 뒤에나 식사할 수 있는데 기다릴 수 있겠느냐'고 말을 바꿨다. 우리를 막고 서 있는 매니저 옆으로 목을 쭉 빼서 식당 안을 들여다보니 비어 있는 테이블들이 꽤 보였다.

"저기 빈 테이블 많은데요?" 내가 물러서지 않자, 매니저는 정말 난처하다는 표정을 지으며 "다른 손님들이 싫어하셔서요. 저도 집에서 강아지를 키워서 도와드리고 싶은데 정말 죄송합니다"라고 말했다. 최후통첩이었다.

다시 목을 빼고 식사 중인 손님들을 바라보았다. 혹시 누군가 "안 불편해요. 안내견인데 들어오라 하시죠"라고 편들어주진 않을까 싶어 최대한 간절한 표정을 지어 보였다. 손님 몇몇이 우리 쪽을 보고 있긴 했지만 내가 바랐던 말은 들려오지 않았다. 우리는 그만 포기하고 돌아섰다. 등 뒤로 '파스타집이라면 2층에도 있나'는 말이 들려왔다.

나에게는 2층 파스타집을 찾아가는 게 쉬운 일일지 몰라도 혜경 씨에게는 아니었다. 게다가 이 건물은 구조가 꽤나 복잡해 나도 한참을 헤맨 끝에 2층으로 가는 에스컬레이터를 발견했다. 이렇게 힘들게 찾아왔지만, 쫓겨나기까지는 3분이 채 안 걸렸다. 내가 왜 안 되느냐고 따져 묻자, 정장을 빼입은 지배인이 아주 정중한 말투로 "안에 손님들이 계셔서요"라고 했다.

"저희도 손님으로 온 건데요. 사 먹으려고요." 내가 말하자 지배인은 당황한 듯 "네?"라고 되묻더니, 바로 "그런데 다른 손님들이 강아지를 불편해하세요"라고 했다.

옳거니, 나는 이 강아지는 그냥 강아지가 아니라는 점을 설명하려고 입을 뗐다. 하지만 "이 개는 반려견이 아니고 시각……"까지만 말할 수 있었다. 정중한 말투의 지배인이 내 말이 다 끝나기도 전에 "예, 알고 있어요"라고 한 것이다. 알면서도 그러냐고 되묻고 싶었지만, 지배인의 싸늘한 눈빛에 그만 지고 말았다. 그의 눈빛은 '여긴 너희가 올 곳이 아니야'라고 말하는 것 같았다.

다시 에스컬레이터를 타고 내려가는 길, 내가 분을 삭이지 못하고 씩씩대자 혜경 씨는 "그래도 이만하면 굉장히 정중하게, 좋게 얘기해준 것 같아요"라며 나를 위로했다. 그 순간 안내견과 눈이 마주쳤다. '이 순간만큼은 언니가 볼 수 없어 다행이야. 아까 봤지, 그 지배인 눈빛?' 안내견이 말을 걸어오는 것 같았다.

파스타집, 국밥집, 덮밥집 등등 식당 일곱 군데에서 쫓겨난 뒤에야 우리를 받아주는 식당을 찾을 수 있었다. 쭈뼛쭈뼛 서 있는 우리를 향해 마치 안내견이 보이지 않는다는 듯 "몇 명이세요?"라고 물어주고, 가게 구석으로 몰아넣는 대신 편한 곳 아무 데나 앉으라고 해준 고마운 곳이었다.

나는 파스타 대신 게살비빔밥을 비비며, 누가 들으면 공짜로 밥 달라고 한 줄 알겠다는 둥 화를 내기 시작했다. 사실 화낼 기운도 없었지만, 혜경 씨와 안내견은 더할 테니, 화내는 것은 내 몫이라는 생각이 들었다.

그런 나를 향해 혜경 씨는 "그래도 오늘은 소리 지르는 사람은 없었으니 이만하면 운이 좋은 편이에요." 하고 웃어 보였다. 이제껏 그녀가 겪은 일을 들어보니 틀린 말도 아니었다.

◆

혜경 씨는 오랜 고민 끝에 안내견과 함께하기로 했다. 안내견과 같이 걷는 선배들에게 '안내견은 거부당하기 일쑤'라는 말을 익히 들었기 때문이었다. 어디를 갈 때마다 쫓겨날 수 있다는 각오를 해야 하는 삶이 두려웠지만, 안내견과 같이 걷는 선배들은 흰 지팡이를 든 자신보다 어딘가 자유롭고 당당한 느낌이었다. '안내견과 걸으면 내가 걷고 있는 이 세상이 배리어프리*하지 않

---

* barrier free. 사회적 약자가 살기 좋은 세상을 지향하며 제도적·물리적 장벽을 허물고자 하는 운동.

을까, 턱이 조금은 낮아지지 않을까.' 선배들의 모습은 혜경 씨에게 기대를 품게 만들었다.

그렇게 혜경 씨는 안내견과 만나게 됐고, 난생처음 혼자 제주로 떠났다. '아, 지팡이를 내려놓고 안내견과 걸으니 어디든 갈 수 있구나!' 혜경 씨는 바닷바람을 맞으며 희열을 느꼈다.

하지만 기쁨도 잠시였다. 한번은 배를 탔는데 다른 승객들 눈에 띄면 안 되니 1층 여객실에만 있으라는 소리를 들었다. 마땅치 않았지만 그렇게 했다. 그런데 또 다른 사람이 따라와서는 손님들 쉬는 곳인데 여기 있으면 어떡하느냐고 소리를 지르며, 자동차를 실은 곳으로 쫓아냈다.

그날은 기온이 40도 가까이 올라간 무더운 날이었다. 그 덥고 습한 날씨에, 안내견과 함께 자동차 사이에 서서 매연을 마시고 있자니 눈물이 왈칵 쏟아졌다. 밖에서는 절대 눈물을 보이지 않는 혜경 씨였지만, 이날 처음으로 목 놓아 울어버렸다. 나의 사회적 위치가 딱 이쯤인 건가 하는 생각이 들어서였다.

택시 승차 거부도 참 많이 당했다. 우리나라는 여전히 시각장애인이 버스 타기 어려운 나라라 택시를 타야 하는 일이 많은데, 안내견과 함께한 뒤부터는 승차 거부가 일상이 된 거다. 이렇게 승차 거부하면 안 된다는 말에 경찰에, 시청에 전화를 걸어 '지금 장애인이 안내견이라는 개와 함께 차에 타려고 한다'고 일러바친 택시 기사도 있었다. 엄연히 '법'이 있으니 신고하면 되지 않나 싶지만, 경찰이 출동해도 적반하장으로 나오는 사람이 많다.

이렇게 산전수전을 다 겪은 혜경 씨와 안내견이지만, 우리의 촬영, 그러니까 그저 점심을 먹으려 했던 우리의 시도는 안내견에게 꽤나 심한 스트레스를 준 모양이다. 갑자기 안내견이 아팠다. 그것도 혜경 씨와 떨어져 며칠 밤을 병원에 머물러야 할 정도로. 혜경 씨는 나 때문이 아니라고 했지만, 나는 한없이 미안해졌다. 지능도 높고, 주변 환경을 읽어내는 능력도 탁월한 안내견에게 계속되는 출입 거부는 극심한 스트레스였을 것이다.

다행히, 몇 주 뒤 다시 만난 안내견은 건강해 보였다. 낙엽을 쓸던 경비원 아저씨가 안내견을 보더니 따뜻한 목소리로 "오구, 잘 견네. 오늘 방송 나오는 날이냐?" 하고 인사를 건네준 덕분인지, 발걸음도 한결 경쾌해 보였다.

이날은 혜경 씨의 시험 날이었다. 우리는 학교로 향했다. 혜경 씨와 안내견, 둘이서 수백 번은 족히 걸었을 길이라는 걸 알면서도, 나는 저 멀리서 오토바이 소리라도 들려오면 안절부절못했다. 길을 안내하는 안내견의 모습을 카메라에 담아야 하는데, 나도 모르게 "어어, 저기 차 와요!" 하고 소리부터 치게 되는 것이었다. 요즘 자동차는 소음도 덜 나니까 혜경 씨가 혹시 못 들었을까 걱정이 된 것이다.

몇 번을 그랬을까. 갑자기 안내견이 고개를 홱 돌려 나를 쳐다봤다. '어휴. 언니 호들갑 좀 그만 떨어. 나도 다 보고 있었거든?

혜경 언니가 못 들을까 봐 걱정이라고? 설마 지금 내 능력 못 믿는 거야?' 하고 나무라는 눈빛이었다.

그 눈빛에 눌려 조용히 지켜보니, 정말 내가 호들갑 떨 필요가 전혀 없었다. 안내견은 저 멀리 오토바이가 오면 걸음을 멈췄고, 차가 다가오면 혜경 씨가 길가 쪽으로 바짝 붙도록 이끌었다.

어디 그뿐인가. 음식점과 카페가 즐비한 작은 골목에 들어섰을 때였다. 혜경 씨가 갑자기 안내견의 하네스를 툭툭 가볍게 잡아당겼다. 그러자 안내견이 갑자기 방향을 틀어 타닥타닥 신나게 걷더니 한 카페 앞에 멈춰 서는 게 아닌가.

"방금 뭐 하신 거예요?" 내가 신기해하며 묻자, 혜경 씨는 웃으며 답했다. "저희 둘만의 신호예요. 여기가 제 단골 카페거든요. 제가 툭툭 하고 신호를 주면 여기로 데려가달라는 뜻이에요."

툭툭.

'언니, 커피 당겨? 카페 가자!'

둘만의 신호라니. 안내견과 걷는 선배들 모습이 멋져 보였다는 혜경 씨 말이 더없이 와닿는 순간이었다. 안내견은 문을 찾는 것도 나보다 빨랐다. 안내견을 늘 환영해줘서 혜경 씨가 평소 감사해하던 핫도그집을 찾아갔을 때였다. 안내견이 핫도그집 바로 앞까지 안내해줬는데, 혜경 씨가 문을 찾지 못하고 다급히 요청했다.

"(나를 향해) 여기 문 어디 있어요? (안내견을 향해) 문 찾아줘."

허둥대는 나와 달리 안내견은 재빠르게 문 쪽으로 혜경 씨를 이끌었다. 우리 촬영팀 모두 "우와 대단하다. 민용이보다 나은데?" 하고 감탄했다. 생각해보면 혜경 씨에게는 이런 순간이 많았을 것이다. 바로 앞에 있는데도 보이지 않아 한참을 찾아 헤매야 하는, 허우적대야 하는, 당황해야 하는 순간들이 말이다. 하지만 안내견과 함께라면, 친절한 누군가가 때마침 옆에 있는 행운이 따르지 않아도 괜찮다. 안내견이 있으면, 정말 괜찮아 보였다.

골목을 빠져나오자 차가 쌩쌩 달리는 도로가 나왔다. "인도 찾아줘"라는 혜경 씨의 말에 인도로 척척 안내하는 안내견을 보고 마음을 놓았지만, 횡단보도가 나오자 다시금 불안해졌다. 아무리 그래도 개는 초록색과 빨간색을 구분할 수 없다는데, 신호등을 알아볼 수 있을까 걱정이 된 거다. 하지만 안내견은 완벽했다. 주변 사람들이 기다리고 있는지 건너고 있는지를 보고, 지금이 초록불인지 빨간불인지 정확히 판단했다(그래서 안내견이 주변에 있을 땐 무단 횡단을 해선 안 된다. 꼭 신호를 지켜줘야 한다).

캠퍼스 안에서도 안내견은 혜경 씨가 걸려 넘어질 법한 턱, 발이 쑥 빠질 만한 수로를 쏙쏙 피해, 시험장이 있는 건물로 안내했다. "계단 찾아줘." "출입문 찾아줘." "엘리베이터 찾아줘." 그렇게 안내견과 걷다 보니 어느새 시험장에 도착해 있었다.

신기했다. 시각장애인이 원하는 것을 안내견이 두 눈으로 보고 찾아주는 모습에, 입이 떡 벌어졌다. 그건 지금껏 내가 '안내견=시각장애인의 눈'이라는 말의 진정한 의미를 잘 몰랐고, 또 그리

진지하게 생각해보지 않았다는 뜻이기도 했다.
 어쩌면 나도 마음 깊은 곳에서는 이렇게 생각하고 있었는지도 모른다. 뭐, 지팡이보다는 안내견이 낫겠지. 생명이 있는 모든 것은 위로가 된다잖아? 분명 의지가 될 거야. 하지만 개가 어떻게 사람의 눈을 대신할 수 있겠어?
 그런데 혜경 씨와 안내견의 모습을 하루 종일 옆에서 지켜보니 알 것 같았다. 흰 지팡이로 볼 수 있는 거리는 내가 팔을 뻗어 닿을 수 있는, 딱 그만큼이지만, 안내견은 아니라는 것을. 안내견과 함께하면 팔이 닿지 않는 저 먼 곳까지 볼 수 있었다. 안내견과 함께 걸으면 세상이 자신을 향해 쌓은 장벽이 낮아질 것 같았다는 말도, 안내견이 아니었다면 지금처럼 온 동네를 누빌 마음조차 먹지 못했을 거라는 말도, 이제야 진정으로 이해가 됐다.
 여기까지 알게 되니 '안내견은 들어오면 안 돼요'라는 말이 더없이 잔인하게 느껴졌다. 내 앞에 놓인 장벽을 낮춰보겠다며, 더 많이 보고 더 멀리 가보겠다며 안내견을 선택했더니, 또다시 '안내견은 출입 금지'라는 새로운 장벽이 생겨난 꼴이다. 나라면 좌절했을 거다. 더는 집 밖으로 나설 용기를 내지 못했을 것만 같다.
 어느새 안내견과 함께한 하루가 저물고 있었다. 붉은빛으로 물든 하늘을 보며, 우리 셋은 캠퍼스 잔디밭에 나란히 앉았다. 나는 혜경 씨에게 거절을 각오하는 용기는 어디서 나오느냐고 물었다.
 "음, 물론 악의적인 분들도 있겠지만, 그런 분들보다는 안내견에 대해 잘 모르셔서 안 된다고 하는 분들이 많다고 생각해요. 갑자기 개가 들어오니까 좀 당황하신 거죠. 그렇게 이해하고 나니까 덜 상처받게 됐어요. 막상 나가라고 하는 사장님과 이야기를 해보면, 의외로 대화가 통할 수도 있거든요.

물론 저도 그런 시기가 있었어요. '안 될 거야, 쫓겨날까 무서워' 하면서 시도조차 안 하던 시기요. 그런데 어느 날, 내가 오늘 가보지 않으면 나는 내일도 거기를 가보지 못할 거란 생각이 들더라고요. 저도 제가 아예 못 보게 될 줄 몰랐어요. 누군가 어느 날 갑자기 실명을 하게 됐을 때, 제가 그랬던 것처럼 안내견이란 친구가 비상구가 돼줄 수 있거든요. 그때는 우리 사회가 준비돼 있었으면 좋겠어요. 안내견과 같이 걷는 시각장애인을 받아줄 준비 말예요."

장애인복지법 제90조 제3항
다음 각 호의 어느 하나에 해당하는 자에게는 300만 원 이하의 과태료를 부과한다.
제3호 보조견표지를 붙인 장애인 보조견을 동반한 장애인, 장애인 보조견 훈련자 또는 장애인 보조견 훈련 관련 자원봉사자의 출입을 정당한 사유 없이 거부한 자.

우리의 출입을 거부한 식당들을 모두 신고해, 과태료를 물릴 수도 있었다. 나는 마음 한편으로 그러고 싶었지만 혜경 씨는 아니었다. 그리고 그건 혜경 씨뿐만이 아니었다. 처음으로 안내견 조이와 함께 국회에 입성한 김예지 의원은 금배지를 단 뒤에도 '개는 안 돼요'라는 말을 듣는다. 심지어 나와 인터뷰하기 하루 전날에도 식당에서 '안 된다'는 말을 들었다고 한다. 그러니 이제 국회의원도 됐겠다, 처벌을 강화해 혼쭐내는 법안을 만들 수도 있었을 텐데, 김 의원의 선택은 달랐다. 2020년, 자신의 안내견 조이의 이름을 딴 '조이법'을 대표 발의하긴 했지만, 이 법은 누군가를 혼쭐내는 것과는 거리가 멀었다.

'조이법'의 핵심은 두 가지다. 하나는 구체적으로 어떤 경우에 장애인 보조견의 출입을 거부할 수 있는지 정하자는 것이다. 지금의 법은 '정당한 사유 없이' 출입을 거부하면 안 된다고만 돼 있다. 어떤 게 '정당한 사유'가 될 수 있을까? '정당한 사유'라는 말은 꽤나 주관적이고 모호하다. 누군가에게는 '손님이 싫어할 수도 있어서' 역시 정당한 사유가 될 수 있다. '장사하는 사람한테 손님이 싫어할 수도 있다는 것보다 중한 게 뭐가 있느냐'고 따지면, 출동한 경찰관도 할 말이 많지 않다.

미국의 경우, 장애인 보조견의 출입을 거부할 수 있는 상황이 매우 구체적으로 정해져 있다. 통제 불가능한 보조견에 대해 통제 노력을 하지 않는 경우, 보조견이 해당 장소에서 배변을 한 경우 등에는 장애인 보조견이라도 출입을 거부할 수 있도록 해뒀다. 이렇게 어떤 경우에 출입을 거부힐 수 있는지 구체적으로 정해둔다면, 식당 주인 등이 자의적으로 판단해 출입을 거부할 빌미를 주지 않을 수 있을 것이다.

'조이법'의 또 다른 핵심은 인식 개선을 위한 공익광고 등을 시행해야 한다는 것이다. 다들 잘 몰라서 내쫓는 거지, 알면 덜할 거라는 믿음이 깔려 있는 대목이다. 이 부분은 김 의원의 말을 그대로 전하고 싶다.

"저는 과태료 같은 부정적인 피드백을 통해 안내견에 대한 인식을 갖게 되는 것을 원하지 않습니다. 공익광고나 교육 같은 긍정적인 방식으로 인식을 개선하는 방향으로 나아갔으면 좋겠습니다. 법에 의해서, 과태료에 의해서 억지로 강요되는 것이 아니라, 그냥 당연히 그렇게 해야 되는 것으로 인식해주시는 것, 그런 계기를 만들어드리는 게 필요하다고 생각해서 법안을 발의하게 됐습니다. 많은 분들이 제게 안내견을 처음 봤다고 말씀해주셨어요. 그만큼 잘 모르는 분들이 많은 거죠. 제가 이렇게 인터뷰를 하고 방송에 나가는 이유도, 많은 분들에게 안내견을 더 알려드리고 싶어서입니다."

알면 덜할 거라는 믿음, 그러니 과태료를 물리기보다는 더 많은 설명을 해주자, 이들은 진심으로 더불어 살아가기를 바라고 있었다. 원수가 돼도 상관없는 사람과는 갈 데까지 가도, 함께하고 싶은 사람에게는 이해를 바탕으로 한 존중을 바라는 법이니까.

김 의원은 출입 거부로 신고를 했다가도, 식당 주인이 '앞으로는 장애인 보조견을 환영하겠다'고 약속해주면, 과태료 처분을 받지 않게끔 신고를 모두 취소해주었다고 한다. 이는 혜경 씨도 마찬가지였다. 대부분 같은 마음인 모양이다. 2016년부터 2020년 사이, 장애인 보조견 출입을 거부해 과태료가 부과된 건 2016년에 한 건, 2020년에 두 건, 총 세 건이 전부였다.•

◆

코로나가 유행이라지만 홍대는 여전히 사람들로 붐볐다. 나는 '안내견을 환영합니다'라고 적힌 스티커를 손에 쥔 채 홍대 KFC 앞에 서 있었다. 얼마나 기다렸을까. 저 멀리, 인파 속에서 주황색 옷을 입은 강아지 한 마리가 보였다.

"탱고다!" 태어난 지 28주 된 예비 안내견, 탱고였다. '저는 안내견 공부 중입니다'라고 적힌 옷을 입고 총총 걸어오는 탱고의 옆에는 퍼피워커•• 남주 씨가 있었다. 우리 셋은 홍대 거리의 식당들

• 출처 : 보건복지부.
•• 생후 7주 된 예비 안내견을 1년간 집에서 돌보며 사회화 과정을 돕는 자원봉사자.

을 돌며 설명하고 설득해 안내견 환영 스티커를 붙일 작정이었다. 보통 이런 식의 취재는 하지 않는다. 출입을 거부당하는 안내견의 현실을 보여주고, 왜 이런 일이 벌어지는지 문제점을 짚어준 뒤, 문제를 해결하려면 어떻게 해야 하는지 개선안을 제시하는 것이 정석이다.

그런데 이번만큼은 단 한 곳이라도 좋으니 내 손으로 직접 안내견 출입을 허용하는 식당을 만들어내고 싶었다. 거절당하는 것도, 구구절절 설명하는 것도 나였으면 했다. 안내견 출입 거부에도 '총량 불변의 법칙'이 적용된다면, 그중 일부나마 내가 대신 당해주고 싶다는 마음이었다.

KFC 앞에서 만난 탱고는 태어난 지 28주밖에 안 된 것치고는 아주 의젓했다. 마음이 든든했다. 식당 사장님들이 탱고를 보면 '예비 안내견도 이렇게 의젓해요? 안내견은 더 의젓하겠구먼! 스티커 줘봐요.' 할 것 같았다.

그렇게 우리 셋은 "우리가 더 많이 거절당해야 시각장애인이 덜 거절당하는 법!"이라고 외치며 호기롭게 출발했다. 그러나 현실은 역시 녹록지 않았다. 아무래도 식당이라 어렵다는 대답들이 돌아왔다. 특히 파스타집은 영락없었다.

내가 이렇게 계속 거절당하게 해 죄송하다고 하자, 남주 씨는 "저는 하도 싸워서 파이터 다 됐어요. 우리 저 식당도 도전해볼까요?"라며 씩씩하게 앞장섰다. 과연, 개는 절대 안 된다던 집 앞 우동가게를 집중 공략해 세 번 만에 성공시킨 사람다웠다.

문제는 탱고였다. 혜경 씨의 안내견이 그랬던 것처럼 탱고도 스트레스를 받고 있었다. 어쩌면 안내견은 '안 돼요'라는 말부터 배우는 존재일지도 모르겠다. 시계를 보니 우리가 홍대 일대를 돌아다닌 지도 벌써 네 시간이나 지나 있었다. 이러다 탱고도 아프면 큰일이라는 생각에, 이쯤에서 그만 멈추기로 했다.

성과는 모두 열 장. 원래 목표했던 것에는 한참 못 미치지만, 그래도 열 장이나 붙였다. 설명을 듣더니 "그럼 안내견은 환영해드려야겠네요." 하며 고개를 끄덕인 사장님도 있었고, "출입문 손잡이 옆에 붙일게요. 여기가 제일 잘 보이니까요."라며 문을 쓱쓱 깨끗이 닦은 뒤 붙여준 사장님도 있었다. 어떤 사장님은 멋모르고 안내견을 내쫓은 적이 있다며 다시 찾아오면 사과하고 싶다고도 했다.

비록 열 곳이지만, 식당 문을 열면서 '이게 무슨 스티커람? 안내견?' 하고 관심을 갖게 된 사람은 더 많을 거라고 기대한다. 특별히 유동 인구가 많은 홍대를 선택한 것도 바로 이 점을 노린 것이었다.

"네 시작은 미약하였으나 그 끝은 창대하리라"와 같은 긍정회로를 돌리는 나를 향해, 남주 씨는 웃으며 작별 인사로 이런 말을 남겼다. "퍼피워커들끼리 하는 말이 있어요. 퍼피워커가 실패를 거듭할수록 좋아진다. 오늘도 많이 좋아지게 만든 건 분명 맞을 거예요."

그리고 몇 주 뒤, 안타까운 일이 벌어졌다. 롯데마트가 예비 안내견의 출입을 막아선 것이다. 한 직원이 장애인도 아닌데 강아지를 데리고 오면 어떡하느냐고 당장 나가라고 언성을 높였고, 깜짝 놀란 예비 안내견은 분뇨까지 흘렸다고 한다. 한 목격자가 당시 상황을 찍은 사진을 온라인에 올렸는데, 기죽은 뒷모습이 딱 몇 주 전 우리의 모습과 똑같았다.

사진 속 퍼피워커도 알았을 것이다. 마트 같은 데 가면 이런 험한 꼴을 당할 수 있다는 것을. 그런데도 마트를 찾은 것은 시각장애인도 꼭 한 번은 걷게 될 장소이기 때문이었을 터다. '안내견에게 마트가 어떤 곳인지 보여주고 걷게 해줘야 나중에 시각장애인과 함께 왔을 때 놀라지 않고 잘 안내할 수 있을 거야. 사람들에게도 마트를 걷는 안내견의 모습을 보여줘야 시각장애인이 마트에서 쫓겨나는 일을 줄일 수 있겠지.' 모르긴 몰라도 이런 생각을 하지 않았을까. 나는 잘 알게 된 만큼 그 기죽은 뒷모습이 안쓰러웠다.

그래도 이번에는 편드는 사람이 많았다. '안 사요, 롯데'라는 뜻으로 '놋데(NOTTE)'라는 합성어까지 등장하며 불매운동 움직임이 일어난 것이다. 롯데마트 측은 황급히 사과하고 "안내견은 어디든 갈 수 있어요!"라고 적힌 안내문을 모든 지점에 부착했다. 이 사태를 지켜본 다른 기업들도 느끼는 바가 컸을 것이다. '퍼피워커가 실패를 거듭할수록 좋아지는 것'이라던 남주 씨의 말이 맞았다.

이 글을 읽는 독자 여러분이 안내견을 만난다면 다음의 이야기를 꼭 기억해주시길 바란다.

1. 쓰다듬거나 부르지 마세요.

보행 중인 안내견을 쓰다듬거나 부르면 시각장애인이 위험에 빠질 수 있다. 먹을 것을 주는 행동 역시 마찬가지다. 매일 시장을 지나가는 안내견에게 한 상인이 몰래 아이스크림을 한 입씩 주었다가, 아이스크림 맛을 알게 된 안내견이 도로 한복판에 떨어진 아이스크림을 보고 뛰어가 안내견과 시각장애인 모두 사망했다는 이야기도 있다.

2. 장애인 보조견, 레트리버 말고도 많아요.

시각장애인뿐 아니라 청각장애인, 지체장애인 등을 돕는 다양한 보조견이 존재한다. 견종 역시 다양하다. 책에서는 주로 시각장애인 안내견에 대해 다루었지만, 나는 청각장애인 원서연 씨의 보조견 '구름이'도 만났다.

작은 덩치에 귀여운 얼굴을 가진 구름이는 반려동물이란 오해를 받곤 하지만, 웬만한 사람도 모르는 '수어'까지 익힌 베테랑 보조견이다. 인터뷰하러 간 내가 문을 똑똑 두들겼을 때도, 서연 씨의 휴대전화 알람이 울렸을 때도 구름이는 대신 듣고 알려주었다. 서연 씨가 듣지 못한다는 것을 잘 아는 듯 여느 강아지처럼

'짖어서' 알리지 않고 앞발로 톡톡 치면서 알려준다.

화재경보기 소리나 "불이야!"라는 외침을 못 들은 청각장애인이 미처 건물에서 빠져나오지 못해 홀로 숨을 거뒀다는 안타까운 소식이 잊을 만하면 들려오곤 한다. 구름이는 그런 일을 막아주는 고마운 존재지만, 비장애인에게는 시각장애인 안내견보다도 낯선 탓에 잦은 출입 거부를 당하고 있다.

3. 불쌍하다고 여기지 마세요.

내 기사에도 '사람 때문에 희생한다, 불쌍하다. 얼마나 혹독한 훈련을 받았을까, 인간이 제일 이기적이다' 같은 댓글이 많이 달렸다. 잘 모르면 그렇게 생각할 수도 있을 것 같다. 하지만 안내견과 하루를 지내보고, 예비 안내견과 걸어보고, 안내견 학교에 가서 훈련하는 모습을 지켜보니, 그렇지 않았다.

우선 안내견은 '시각장애인 안내'를 업무가 아닌 산책이나 놀이로 여기고 있었다. 하네스를 채우고 "나가자!" 하면, 산책 가자는 소리를 들은 여느 반려견처럼 신나했다.

훈련도 마찬가지다. 안내견은 안내견에 가장 적합한 품성을 가진 종견과 모견 사이에서 태어난다. 훈련을 하다 타고난 성향 등이 안내견에 적합하지 않다고 판단되면, 일반 가정에 입양돼 평범한 반려견으로 살아간다.

삼성화재 안내견학교에 따르면, 우리나라 시각장애인 안내견은 70마리가 채 안 된다. 예비 안내견 중 최종 테스트를 통과해 진짜 안내견이 되는 건 열 마리 중 두세 마리 꼴이라고 한다. 그러니 하기 싫은 일, 성향에 맞지 않는 일을 '억지로' 시키는 경우는 없다고 봐도 무방하다.

아무나 안내견과 함께 걸을 수 있는 것도 아니다. 시각장애인의 성격, 직업, 걸을 때의 보폭과 속도, 건강 상태, 생활환경 등이 안내견과 함께 걷기 적합하다는 판정을 받아야 하고, 합숙 교육을 포함해 안내견과 함께 4주간의 교육을 받아야 한다.

장애인 파트너와 맺어진 뒤에도 안내견에 대한 꼼꼼한 사후 관리가 이어진다. 때문에 안내견의 평균수명은 같은 종의 반려견보다 1년쯤 더 긴 것으로 나타났다.

그리고 마지막으로, 혹시 당신이 그날의 우리처럼 "죄송해요. 다른 손님들이 싫어해서요"라는 말을 듣고 풀죽어 뒤돌아 나가는 장애인 보조견을 만난다면 부디 그들 편이 되어주면 좋겠다. "저기요, 사장님. 하나도 안 불편해요. 장애인 보조견인데 어서 들어오게 해주세요"라고.

그렇게 안내견부터 시작해 장애인의 이동권이 보장받는 사회가 되면 좋겠다. 보이지 않거나 걸을 수 없어도, 대단한 용기를 내지 않고도 집 밖으로 자유로이 나설 수 있다면, 그래서 더 자주 마주치며 살게 된다면, 장애인 앞에 놓인 높은 장벽을 깨부수려는 사람이 많아질 거라고 믿는다. 그러니 당신이 한편이 되어주고, 안내견이 타닥타닥 경쾌한 발걸음으로 문턱을 넘어 들어오는, 바로 거기서부터 우리 시작해보자.

우리 동네 대장냥이
코점이

2021년 3월 3일. 늦은 밤.

"기자님, 늦은 시간에 전화해서 죄송한데요. 범인이 또 쪽지를 남기고 갔어요."

소름이 끼쳤다.

"이번엔 뭐라고 썼어요?"

"'당신들이 찾는 고양이는 죽다 ㅋㅋㅋ'라고요."

"죽다……요? '죽었다'도 아니고 '죽인다'도 아니고 '죽다'요? 코점이를 이미 해쳤다는 건지, 아니면 아직 코점이가 살아 있다는 건지……."

"저희도 지금 이게 무슨 뜻인지. 하……."

"저, 선생님, 거기 혼자 계세요? 혼자 다니지 마시고, 오늘은 이만 집으로 들어가시는 게 어떨까요? 걱정돼요."

"아뇨. 저는 솔직한 심정으로 차라리 저를 공격했으면 좋겠어요. 그럼 경찰이 수사할 거 아니에요?"

◆

이 전화를 받기 전으로 시간을 돌려보겠다. 오늘 오전, 나는 서울 강남 한복판에서 고양이 학대범을 쫓고 있었다.

지하철역 바로 뒤편, 5~7층짜리 건물들이 빽빽이 들어선 곳이었다. 오피스와 거주 지역이 뒤섞여 늦은 밤에도 오가는 사람이 있을 법한 동네였는데, 보는 눈이 많은 이런 곳에서도 고양이 학대는 일어났다.

학대당한 고양이는 마치 턱시도를 입은 것처럼 흰 털과 검은 털이 뒤섞인 고양이로, 코에 점이 있어 '코점이'라 불렸다. 코점이는 한 덩치 하는데도 어마무시하게 날렵해 동네 고양이들의 대장 노릇을 하는 '대장냥이'였다. 아무리 길고양이라도 몇 년간 밥 준 사람은 따르기 마련인데, 대장냥이답게 경계심이 어찌나 많은지 좀처럼 곁을 내주지 않는 그런 녀석이었다.

그런데 어느 날, 그런 코점이가 눈에 피를 뚝뚝 흘리며 담장 위에 앉아 있었단다. 평소 이 동네 고양이들을 돌보던 제보자 A는 깜짝 놀라 코점이를 병원으로 데려가려 했지만, 경계심이 극도에 달한 녀석이 순순히 잡혀줄 리 없었다. 그로부터 며칠이 지나도 코점이가 보이지 않자, 제보자 A는 동물권행동 카라에 도움을 요청했고, 나 또한 제보를 받고 달려갔다.

"기자님, 여기예요. 여기서 눈에 피를 뚝뚝 흘리는 코점이를 발견했어요. 보세요. 아직 핏자국이 남아 있죠?"

제보자 A는 건물 뒤편에 있는 3미터는 돼 보이는 높은 담장을 가리켰다. 담장 주변에는 검붉은 핏자국이 남아 있었다.

"그러네요. 진짜 핏자국이 아직 흐릿하게 남아 있네요. 혹시 코점이 발견했을 때 사진 같은 건 안 찍어놓으셨어요?"

"찍었어요. 좀 잔인하긴 한데……. 여기요!"

사진 속 코점이는 오른쪽 눈에서 피를 흘리며 담장 위에 앉아 있었다. 예상했던 것보다 상태가 훨씬 안 좋았다. 멀쩡한 왼쪽 눈과 비교하면 오른쪽은 안구가 없는 것처럼 보이기까지 했다.

"아아…… 생각보다 상처가 심한데요? 오른쪽 눈이 거의 파여 있는 것처럼 보여요."

"저도 보고 깜짝 놀랐어요. 눈 안이 텅 빈 것처럼, 피가 그냥 철철 흐르고 있었어요."

"이게 며칠 전이에요?"

"지난달 19일이니까…… 12일 전이네요."

"그럼 시간이 꽤 많이 지났네요. 지금은 코점이 상태가 더 안 좋아졌겠는데요?"

"네, 제가 동물병원 가서 사진 보여드렸더니 외상이 심각하다고, 빨리 치료받지 않으면 안구 적출도 고려해야 할 수 있다고 하시더라고요. 그렇게 되면 외눈으로 밖에서 살아가야 하는데, 코점이에게는 너무 힘든 길이 될 것 같아요. 특히나 동네에 이렇게 고양이 학대범이 활개 치고 다니는데."

고양이들끼리 영역 싸움을 하다 다친 것일 수도 있는데 '학대'를 확신하는 데는 다 이유가 있었다. 코점이가 피를 철철 흘리며 발견된 뒤부터 이상한 일이 벌어지기 시작한 거다.

"그 얘기는 이분이 해드릴 거예요. 직접 겪으신 분이거든요."

제보자 A가 또 다른 제보자 B를 내게 소개해주었다.

"네, 기자님, 그건 제가 말씀드릴게요. 이쪽으로 오시겠어요? 직접 보면서 들으시면 더 이해가 잘될 거예요. 이 줄 넘어오세요."

제보자 B를 따라 건물 앞에 처진 줄을 넘어 건물 뒤편으로 갔다. 제보자 B는 건물 뒤편의 담벼락을 가리키며 설명을 이어갔다.

"지금은 치워졌는데 여기에 원래 고양이 급식소가 있었어요. 그런데 A가 피 흘리는 코점이를 발견하고 딱 6일 뒤에 누가 여기 물그릇에 세제를 푼 거예요."

"세제를요?"

"네, 고양이 돌보는 걸 싫어하는 분들도 있기 때문에, 급식소를 길가에 두지 않고 일부러 저희 건물 뒤편에 설치해두고 못 들어오게 줄도 쳐놓은 거거든요."

분통을 터뜨리던 제보자 B는 휴대전화를 뒤적거리더니 사진들을 보여주었다.

"그런데 그게 다가 아니었어요. 이 사진들 좀 보세요. 세제 사건 바로 다음 날 누가 이렇게 물그릇 옆에 '고양이 죽어'라고 써놓았어요. 그리고 또 바로 다음 날엔 '칼로 찔러'라고 써놓고요."

사진을 확대해봤다. 담벼락을 덮은 흙 위에 무언가 날카로운 걸로 새기듯 쓴 글씨들이었다. 몰래 남의 담장 아래 쭈그려 앉아 날카로운 무언가로 '고양이를 칼로 찔러 죽이겠다'는 글을 새기고 있는 범인의 모습을 상상하니, 한순간 팔뚝에 소름이 돋았다.

"경찰에 신고는 안 하셨어요?" 내가 물었다.

"당연히 했죠. 지금까지 세 번이나 했어요. 그런데 경찰도 할 수 있는 게 없대요. 협박 글을 스프레이처럼 지워지지 않는 걸로 썼으면 재물손괴죄가 되는데 그것도 아니고, 여기가 집 안이 아닌 야외 공간이라 주거침입죄도 해당되지 않는대요. 물그릇에 세제 탄 것도 세제를 타는 모습이 찍힌 CCTV가 없어서 안 된다고 하고요. 그날 수상한 사람이 저 줄 넘어서 이쪽으로 들어오는 건 CCTV에 찍혔는데 그것만으로는 부족하대요."
"아, CCTV에 찍힌 게 있어요?"
"네, 보여드릴까요?"
제보자 B를 따라 건물 지하로 내려갔다. 지하엔 건물 앞에 설치된 CCTV를 볼 수 있는 관리실이 있었다. 모든 방범용 CCTV가 그렇듯 카메라는 건물 안쪽이 아닌 바깥쪽을 향해 있었다. 그 때문에 물그릇에 세제를 타는 장면은 찍히지 않았지만 누군가 줄을 넘어 안으로 들어오는, 그러니까 급식소 쪽으로 향하는 장면은 찍혀 있었다.
"저희 건물이라 CCTV를 다 뒤져볼 수 있어 다행이었어요. 기자님, 여기 보세요. 이 남자예요. 줄을 넘어서 들어오죠? 그리고 2분 뒤에 이렇게 다시 나가잖아요."
"그러네요. 이 남자 말고는 드나든 사람이 없던 건가요?"
"네, 줄까지 쳐놨는데 일부러 넘어가는 사람이 많을 리 없잖아요. 저희가 이날 밤 10시쯤 물을 새로 줬어요. 그리고 세제 탄 물그릇을 발견하기까지, 이 줄을 넘어간 사람은 이 남자밖에 없어요. 애초에 저희가 세제를 발견한 것도요, 남편이 CCTV를 보고 있었는데 이 남자가 줄을 넘어 들어가니까 노상방뇨라도 하는 줄 알고 뛰어나갔던 거거든요. 그런데 남자는 없고 물그릇에 세제 같은 거품이 있었던 거예요. 그래서 저희가 이 CCTV 자료를 시간별로 정리해서 경찰에 드렸는데, 이 정도로는 수사할 수 없대요. 이 남자가 세제 탄 게 찍히지 않았다면서요. 아니, 그런데 그건 경찰이 수사해야 할 몫 아닌가요?"

제보자 B가 경찰에 제출한 거라며 건넨 자료에는 이제까지 일어난 일들이 시간별로 증거 사진과 함께 일목요연하게 정리돼 있었다. 한눈에 들어오도록 깔끔하게 정리된 자료는 웬만한 보도 자료보다 나았다. 이렇게까지 자료를 만들어줬는데도 경찰이 '이 정도로는 수사할 수 없다'고 했을 때 이들이 얼마나 실망했을지 상상이 갔다.

결국 제보자 B를 비롯한 주민들은 직접 '잠복'에 들어갔다. 캄캄한 새벽, 가만히 앉아 있던 고양이에게 물벼락이 쏟아지는 등 하루가 멀다 하고 소름 끼치는 일이 벌어지자 직접 잡기로 마음먹은 것이다. 주민들은 조를 짜서, 한쪽은 건물 안에서 CCTV를 주시하고, 다른 한쪽은 건물 옆에 차를 대놓고 CCTV에 잡히지 않는 사각지대를 감시하는 식으로 잠복을 이어갔다.

그리고 잠복 3일째, 범인이 쪽지를 보내왔다.

"쪽지를 어떻게 보내와요? 급식소에 두고 간 건가요?"

내 질문에 제보자 B가 답했다.

"아뇨. 어디서 지켜보고 있다가 던졌어요. 저희 부부가 잠복을 마치고 집으로 돌아가려고 나섰는데, 하늘에서 쪽지가 툭 하고 떨어진 거예요. 남편 바로 앞으로요. 쪽지 안쪽에 써서 보내면 저희가 안 펴볼 수도 있으니까 글씨 쓴 부분을 바깥으로 해서 구겼더라고요."

나는 고개를 들어 주변을 둘러봤다. 하늘에서 떨어졌다면, 주변 건물 네다섯 곳 중 하나일 터였다.

"쪽지엔 뭐라고 쓰여 있던가요?"

"새빨간 글씨로 '수고가 많다ㅋㅋㅋㅋ'라고요. 어딘가에서 저희를 다 지켜보고 있던 거예요."

대범하기 짝이 없었다. 제보자 B와 주민들은 주변 건물들에 자초지종을 설명하고 CCTV를 보여달라고 부탁했다. 한두 건물을 제외하고는 협조해주어 CCTV를 확인할 수 있었는데, 모두 아니었다. 짚이는 건물이 있었지만, 그곳 CCTV는 볼 수 없어 심증만 있고 물증이 없었다. 범인이 어디에 숨어 있는지는 모르지만, 확실한 건 범인이 고양이를 괴롭히는 것을 넘어 사람을 괴롭히는 것을 즐긴다는 점이었다.

그런데 요즘 동물학대 사건은 대개 이런 식이라고 한다. 과거에는 '이놈의 고양이, 왜 우리 집에 얼쩡대?' 하며 빗자루로 내쫓고 쥐약을 치는 식의 학대가 일어났다면, 요즘은 고양이를 학대함으로써 그 고양이를 아끼며 돌봐온 사람들에게 충격과 괴로움을 주는 것을 즐기는, 그러니까 사람을 괴롭히기 위한 수단으로 동물 학대를 일삼는 경우가 주를 이룬다. 고양이를 해치고 그 사체를 잘 보이는 곳에 전시하거나, 온라인에 공유하는 '고양이 N번방' 사건처럼 말이다.

그래서 요즘은 돌보는 사람이 있는 길고양이가 그렇지 않은 길고양이보다 더 위험해졌다는 말까지 나온다.

"이 범인, 좀 위험해 보이는데요. 물론 모든 동물 학대범이 위험한 존재지만, 이 사람은 지금 동물을 넘어 제보자님들을 괴롭히는 거잖아요. 빨리 잡아야 할 것 같은데요?"

내 말에 카라의 최민경 활동가도 고개를 끄덕이며 입을 뗐다.

"안타깝게도 동물이 사체로 발견되거나 명백한 학대 증거가 있지 않은 한, 경찰이 수사에 나서는 경우는 많지 않아요. 우선은 코점이를 찾는 게 급선무예요. 동물 학대 사건의 경우 동물이 피해자이자 증거거든요. 코점이를 잡아서 이 상처가 왜 생긴 건지 전문가들에게 물어봐야 하는 거죠. '사람의 학대로 다쳤다'는 소견이 나오면 아무래도 동물 학대를 입증하는 데 유리하거든요. 그렇게 되면 저희가 정식으로 고발장을 접수하려고요. 그럼 경찰도 지금보단 좀 더 움직일 수밖에 없을 거예요. 그리고 무엇보다 코점이를 위해서도 어서 붙잡아 치료하는 게 중요하고요."

든든하게도 '고양이 찾기 전문'이라는 또 다른 활동가가 함께 해주었다. 다른 사건에서도 며칠 만에 피해 고양이를 찾아낸 능력자라고 한다. 수색에 나서기 전 촬영 장비를 챙기는 우리 촬영팀에게 나는 낮은 목소리로 조용히 말했다. 촬영을 하다 수상한 사람을 발견하면 서로 연락하자고, 여력이 안 되면 영상이라도 찍어두자고.

우리는 수풀이 우거진 폐허 뒷마당을 지나 빌라와 빌라 사이 좁은 틈새를 헤집고 다녔다. 모두 사람이 쉬이 갈 수 없거나 굳이 가고 싶어 하지 않는 곳들이었다. 고양이를 키우고 있어 나름대로 잘 안다고 생각했는데, 막상 길고양이들이 살아가는 곳을 보니 기분이 묘했다.

고양이는 영역 동물이라 수색 범위가 터무니없이 넓진 않았다. 하지만 아무리 샅샅이 뒤져도 코점이는 보이지 않았다. 평소 즐겨 찾았다는 담장 위에도, 실외기 위에도 코점이는 없었다. 골목에는 점심을 먹으러 가는 심드렁한 표정의 직장인만 가득했다.

역시 고양이 수색은 낮보다는 밤이 나았나 보다. 우리는 밤에 다시 찾아보기로 하고 헤어졌다. 헤어지고 보니 벽과 벽 사이 좁은 길로만 다녀서 그런지 외투 뒤에 정체불명의 흰색 가루가 잔뜩 묻어 있었다.

늦은 점심을 먹으러 들어간 식당에서도 두리번거리는 것을 멈출 수 없었다. 맞은편에 앉아 꼭 나처럼 주위를 살피고 있는 동료에게 말을 걸었다. "홍 피디, 혹시 수상한 사람 봤어?"

"아뇨, 선배는요?"

"나도. 그냥 직장인들만 있던데? 우리 카메라에도 별 관심 없는 눈치였어."

"맞아요, 퇴근만 바라보는 우리 같은 평범한 직장인 표정."

"그치? 그런데 알고 보니 그중 한 명이었고?!"

"지금 이 대화도 엿듣고 있었고?!"

우리는 다른 테이블을 힐끗거리다 웃어버렸다. 그럴 리가 없지 않는가 하는 웃음이었다. 이때만 해도 '범인이 평범한 직장인의 탈을 쓰고 쟤네 뭐 하나 하고 우리를 염탐하고 있던 거 아니냐'며 농담조로 말할 수 있었다. 고양이를 칼로 찔러 죽이겠다며 날카로운 물건으로 새긴 글을 봤을 때, 또 범인이 보내왔다는 새빨간 쪽지를 봤을 때, 소름이 돋긴 했지만 그때뿐이었던 거다.

그런데 정말로 범인이 우리를 지켜보고 있었다니. 우리가 코점이를 찾고 있는 걸 어딘가에서 몰래 훔쳐보고 있다가 '당신들이 찾는 고양이는 죽다 ㅋㅋㅋ'라고 이죽거리듯이 쓴 쪽지를 보내오다니.

제보자 B가 보내준 CCTV 영상을 열어보니, 건물 뒤편에서 쪽지가 쓰윽 낮게 날아오는 장면이 보였다. 각도를 보니 이번에는 건물 위가 아니라 건물 뒤편에 몸을 숨긴 채 던진 것 같았다.

"선배, 정말요? 쪽지를요?" 홍 피디가 놀란 듯 물었다.

"그래, 어딘가에서 보고 있었나 봐. 홍 피디, 혹시 그날 촬영한 영상에 수상한 사람 안 잡혔지?"

"네, 전혀요. 좀 무서운데요?"

"그러게. CCTV 영상 보는데 좀 소름 끼치더라고. CCTV가 어디 있는지 잘 아는 것 같았어. 근데 진짜 대범하지 않아? 방송국에서 들쑤시고 다니다 사건이 뜨거워지면 경찰이 수사에 나설 수도 있으니, 한동안은 숨죽이고 있어야겠다고 생각할 법도 한데 말이야."

정말 그럴 법도 한데, 아무래도 내가 범인을 너무 만만하게 생각했던 모양이다. 그날 이후 범인은 폭주했다. 더 많은 쪽지를 보내왔다. '날 찍어줘, 더 찍어줘'라고 외치는 듯이 말이다. 그 광기에 나는 슬슬 무서워졌다.

"기자님, 저 늦은 시간에 죄송한데요." 제보자 B의 전화였다.

"설마 또 쪽지가 왔어요? 어제도 보냈잖아요."

"네, 이번엔 '고생이 많다 고양이 킬러'라고 썼어요."

쪽지 폭탄은 이어졌다.

고양이ㅋㅋㅋㅋ
ㅋㅋㅋㅋㅋㅋㅋㅋ
ㅋㅋㅋㅋㅋㅋㅋㅋ

빨간색으로 휘갈겨 쓴 글씨를 보면 화부터 났는데, 이쯤 되니 두려움이 앞섰다.

미국 FBI는 동물 학대를 강력범죄의 전조 현상으로 본다. 300명 넘는 연쇄살인범을 분석한 결과 동물 학대라는 공통점이 발견됐기 때문이다. 우리나라에서도 연쇄살인범 유영철이 첫 살인 전 동물로 살인 연습을 한 것으로 드러났다. 또 다른 연쇄살인범 강호순도 경찰 조사에서 '개를 많이 잡다 보니 살인도 쉬워졌다'고 진술한 바 있다. 물론 모든 동물 학대범이 살인범이 되는 건 아니겠지만, 내가 쫓는 범인이 꽤 위험한 인물이라는 것은 분명해 보였다.

어느 날은 자려고 누웠다가 홍 피디와 밥 먹으며 "범인이 이 식당에서 우리 얘기를 엿듣고 있는 거 아냐?"라고 했던 게 떠올라 용수철처럼 벌떡 일어나서 문단속을 하기도 했다. 범인이 정말 나를 지켜보고 있었다면 어떡하지, 하는 걱정이 몰려왔다. 나는 그날 회사로 복귀하지 않고 곧장 퇴근했다. 그것도 대중교통을 타고. 그날 우리 아파트 엘리베이터에 혹시 누가 같이 탔었던가. 기억이 나지 않았다.

◆

3월 9일 새벽 1시.

'카톡'

처음에는 유치하게도 느껴졌던 새빨간 쪽지 때문에 밤잠을 설치고 있는데, 카톡이 왔다.

'코점이 밤 12시 다 돼서 구조했습니다. 늦은 시간이지만 기쁜 소식이라 메시지 남겨둡니다.'

카라의 최민경 활동가였다. 함께 보내준 영상을 열어보니 코점이가 여전히 눈에서 피를 흘리며 나를 바라보고 있었다.

보름이 넘도록 뚝뚝 흘리고 다닌 피를 닦아내고 보니, 상처는 안구를 가까스로 비껴서 나 있었다. 그 덕에 시력에 이상이 없다는 건 다행이었지만, 상처가 꽤나 깊어 코점이는 두 번이나 수술을 해야 했다. 직접 수술을 한 김현정 수의사는 '사람이 고의로 낸 상처로 보인다'고 했다.

"여기 보시면, 상처가 꽤 깊어요. 5밀리미터까지 되는 것 같아요."

"선생님, 어쩌다 다친 걸로 보이나요?"

"날카로운 것에 눈 옆을 콕 찍혔잖아요. 구멍이 날 정도로요. 이렇게 눈을 다칠 정도로 다른 고양이와 영역 다툼을 했다면, 눈 말고 다른 곳에도 상처가 있어야 하거든요. 그런데 아니잖아요."

"뭐로 찌른 걸까요?"

"아주 뾰족한 물건 같은데……. 추측하건대 코점이를 유인해서 좀 더 심각한 행위를 하려다가, 코점이가 눈치채고 피해서 눈 옆을 찔렀을 가능성도 배제할 수 없을 것 같아요. 외상 이후 경계심이 훨씬 심해진 걸로 봐서는 아무래도 사람한테 마음을 좀 열려다가 자기한테 해를 끼치려는 어떤 행동을 하니까, 사람을 더 피하고 공격성을 보이면서 자기 방어를 했던 게 아닐까 싶어요."

정말, 코점이는 한껏 공격적으로 변해 있었다. 코점이의 케이지는 담요로 덮어둔 상태였는데, 내가 "코점이 괜찮니?" 하고 담요를 살짝 들추자 케이지가 들썩일 정도로 나에게 달려들었다. 급히 담요를 다시 덮었는데도 케이지는 계속 들썩거렸다. 애써 꿰맨 상처가 다시 터질 판이었다. 그렇게 심하게 움직이면 자기도 아플 텐데, 무엇이 코점이를 이렇게 만든 것일까. 나는 담요로 덮인 케이지가 잠잠해질 때까지 속으로 미안하다는 말을 반복했다.

코점이를 치료해준 병원에는 주인 없는 다친 고양이들이 가득했다. 코점이처럼 학대당해 다친 고양이뿐 아니라, 그냥 길 위에서 살아가다 다친 고양이도 많았다. 차에 치여 하반신이 마비된 고양이, 재건축 지역에 살다 실명한 고양이, 얼굴이 괴사된 고양이를 보고 있자니, 길 위의 삶이 얼마나 혹독한 것인지 새삼 느껴졌다.

이렇게 가만히 둬도 하루하루 힘겹게 살아가는 존재들에게 끓는 물을 붓고, 화살을 쏘고 흉기를 휘두른다니. 차 소리에, 사람 발소리에 화들짝 놀라 도망가기 바쁜 고양이를 보고 '다 같이 사는 땅에 인간이 멋대로 아스팔트 깔고 시멘트 부어 미안하다'는 생각은 못하더라도, '한번 괴롭혀봐?'라는 마음을 먹는 것은 끔찍하다.

하반신이 마비된 고양이는 내가 손을 내밀자 뒷다리를 질질 끌며 다가왔다. 그렇게 낯하고도 사람의 손길을 기다린 건가, 안쓰러운 마음에 녀석을 한참 쓰다듬고 있는데 김현정 수의사가 나를 불렀다.

"기자님, 아까 코점이 잘 못 보셨죠? 치료해야 해서 마취 다시 할 건데, 보러 들어오실래요?"

마취제에 취하고도 코점이는 두 눈을 꼭 감지 않았다. 실눈을 뜬 채로 수술대에 누운 코점이 표정은 마치 '이놈들, 나한테 또 무슨 짓거리를 하려는 거냐' 하고 항의하는 듯했다.

"이쪽 다리도 사실 좀 이상해요. 엑스레이 찍어보니까 똑 부러졌던 게 보이더라고요. 마찬가지로 사람이 한 것 같아요. 교통사고의 경우, 이정도 골절상이 있다면 다른 데에도 외상이 있어야 하는데 그렇지 않고요. 아기 고양이도 아니고, 이런 대장냥이가 높은 곳을 지나다가 자기 혼자 떨어졌을 리도 없거든요."

사람 눈에 띄지 않는 담장 위를 사뿐사뿐 걷고 있던 코점이. 그런 녀석을 범인이 확 밀쳐 떨어뜨리는 광경을 상상하자, 주먹에 힘이 들어갔다.

◆

코점이를 구조하는 모습마저 지켜보았던 건지 범인은 마지막 쪽지를 보내왔다. 정확히는 쪽지를 썼던 종이 뭉텅이를 보내왔다. 이제껏 일반 종이가 아닌 두툼한 종이에 쪽지를 써 보낸 터라 곧바로 알아볼 수 있었다. 범인은 물그릇이 있던 자리에 구기지 않은 종이를 쌓아두고는 담벼락에 '수고'라고 적어뒀다. 우리를 마음 졸이게 한 그간의 일들이 범인에게는 한낱 게임이었나 보다. '이번 판은 너희가 이겼어. 수고~.' 이런 뉘앙스에 혹시 이다음 판도 있는 건 아닌지 기분이 찝찝해졌다. 이다음이 없도록 범인을 꼭 잡아야 했다.

강남 한복판에서 벌어진 미스터리한 고양이 학대 사건, 보란 듯 새빨간 협박 쪽지를 보내는 자칭 고양이 킬러. 꽤나 자극적인 키워드에, 많은 사람들이 내 기사를 클릭했다. 다행이었다. 많이 팔린 기사는 다른 언론사가 받아쓸 가능성이 크다. 그럼 사건은 더 주목을 받을 테고, 여론의 압박을 못 이긴 경찰이 열심히 수사해 범인을 잡을 가능성도 커진다.

실제 여러 방송사에서 코점이 사건을 보도했다. 직접 쪽지가 날아온 각도를 계산해 범인이 어디서 지켜보고 있던 건지 추리하고, 쪽지에 묻은 지문은 없는지 감식에 나선 방송국까지 있다는 소식도 들려왔다. 기자로서 속은 쓰리겠지만 그 방송국에서 범인을 멋지게 잡아내길 나는 간절히 바랐다.

그사이 제보자들은 코점이를 돌봐온 기록을 모으고 있었다. 코점이가 비록 길고양이지만, 매일 밥을 주고 아프면 병원에서 약을 지어다 먹이는 사람들이 있었으니 주인 있는 고양이와 다름없다는 것을 주장하기 위해서였다.

쉬이 납득되지 않겠지만, 우리나라에서는 같은 생명이어도 주인 없는 고양이보단 '주인 있는' 고양이를 해쳤을 때 더 무거운 처벌을 받을 가능성이 높다. 동물을 해치면 일단 동물보호법 위반죄로 처벌한다. 하지만 주인이 있었다면, 우리 법은 여전히 동물을 물건으로 보기 때문에 한 사람의 재물을 망가뜨렸다고 보고 재물손괴죄를 함께 적용하는데, 법정에서 형량을 받아내는 데에는 동물보호법보단 재물손괴죄가 큰 힘을 발휘하는 경우가 많았다.

우리나라에서 동물을 학대해 첫 실형을 선고받은 재판에서도, 쟁점은 죽은 고양이에게 주인이 있었느냐 없었느냐였다.

2019년이었다. 고양이 '자두'는 경의선숲길의 한 수제 맥줏집 화분에 누워 햇볕을 쬐고 있었다. 자두가 평소 좋아하던 화분이었다. 꾸벅꾸벅 기분 좋게 졸고 있는 자두의 곁으로 서른아홉 살 정 모 씨가 다가왔다. 그는 세제를 탄 사료를 자두에게 먹이려 했고, 놀란 자두가 도망가려 하자 냅다 꼬리를 잡아채 바닥에 수차례 패대기치고 짓밟았다.

정 씨는 법정에서 세상에 대한 화풀이였다는 식으로 변명하며 자두를 죽인 건 맞지만 자두는 주인 없는 길고양이였다고 주장했다. 자두를 돌봐온 맥줏집 주인 예미숙 씨는 장사도 미뤄두고 자신이 자두의 주인이었음을 입증할 자료를 모았다. 증거를 검토한 재판부는 미숙 씨가 자두를 집이 아닌 맥줏집에서 키웠을 뿐, 자두를 돌봐온 주인이 맞다고 인정했다.

미숙 씨는 나와의 인터뷰에서 자두가 길고양이였다면 실형이 내려지긴 어려웠을 거라고 회상했다.

"지금까지 동물보호법 위반으로 무거운 처벌이 내려진 적 없으니, 다들 잘해야 집행유예라고 했죠. 그쪽 변호사도 동물보호법 위반은 인정했어요. 재물손괴죄가 쟁점이 된 거죠. 우리 자두는 생명인데, 물건으로 취급받는 건 누구보다 제가 싫지 않겠어요? 그런데 싫어도 해야 돼요. 물건 취급하는 건 싫지만 제대로 형을 받게 하려면 어쩔 수 없더라고요."

자두를 시작으로 시컴스와 토순이를 해친 사람들에게 잇따라 실형이 선고됐지만 모두 주인이 있어 재물손괴죄가 인정된 영향이 컸다. 주인 없는 길고양이를 해친 사람들은 어떻게 됐을까. 판결문을 찾아봤다.

길고양이를 무려 600마리나 산 채로 끓는 물에 넣어 죽인 뒤 건강원에 판 50대 남성. 길고양이를 불에 달군 쇠꼬챙이로 찌르는 등 잔인하게 살해하고 그 과정을 찍어 유튜브에 올린 20대 남성. 길고양이 머리에 사냥용 화살을 쏜 40대 남성. 모두 집행유예를 선고받았다.

◆

'학대로 보인다'는 전문가 소견을 포함한 고발장이 경찰에 접수된 지 꽤 시간이 지났지만, 아무 소식도 들려오지 않았다. 고양이가 잔혹하게 죽어도 범인을 잡을까 말까인데, 코점이는 살아났으니 사건이 후순위로 밀렸을 수 있겠다는 생각도 들었다.

고발장이 접수된 강남경찰서에 전화를 걸어 수사 진척 상황을 물었다. 역시 별다른 대답은 들을 수 없었다. '수사를 하고 있다'는 원론적인 대답만 돌아왔다.

코점이가 다 회복될 때까지 범인은 끝내 잡히지 않았다. 그럼에도 코점이를 쭉 지켜본 전문가들은 코점이가 병원이나 보호소에서 지내는 것보다 이전에 살던 곳으로 돌아가는 게 낫다는 판단을 내렸다. 범인이 잡히지 않더라도, 영역 동물인 고양이, 특히 코점이처럼 야생성이 강한 고양이에게는 그편이 오히려 스트레스가 덜할 거라는 것이었다.

캄캄한 어느 밤, 코점이는 자기가 살던 길 위로 돌아갔다. 케이지를 내려놓고 문을 열어주자 코점이는 빛의 속도로 튀어나가 어둠 속으로 사라졌다. 뒤도 한번 돌아보지 않았다.

지금까지도 범인은 잡히지 않고 있다. 앞으로도 범인이 잡히는 일은 없을 것도 같다. 그래서 나는 이 글을 쓰기를 주저했다. 길고양이는 주인이 없다는 이유로 다른 어떤 동물보다 손쉽게 학대의 대상이 되곤 한다. 나의 의도는 '이러니 바꿔보자'지만, 모든 글이 의도대로 읽히는 건 아니니 '어차피 잡히지 않을 텐데'라고 또 다른 학대범에게 용기를 주게 될까 봐 걱정이 됐다. 그럼에도 쓰기로 결심한 건 '모든 폭력은 상상하지 않는 게으름에서 온다'는 말을 믿기 때문이다.

범인이 잡히지 않았다는 말에 여러분이 걱정할 것 같아 미리 밝히자면, 코점이는 무사하다. 코점이는 다시 돌아온 뒤 범인과 마주쳤을까? 범인은 여전히 코점이를 호시탐탐 노리고 있을까? 모를 일이다. 이런 물음표가 떠오르는 날에는 캄캄한 밤, 뒤도 돌아보지 않고 재빠르게 도망치던 코점이의 뒷모습을 떠올린다. 그리고 어둠 속으로 사라지는 코점이의 뒤통수에 대고 외친다.

그래, 코점아. 그렇게 온 힘을 다해 도망치는 거야!

4월을
기억하다

〈한민용의 오픈마이크〉를 진행하는 동안 두 번의 4월을 보냈다. 그때마다 나는 세월호에 관한 이야기를 했다. 세월호 6주기에는 바로 전날 21대 국회의원 선거가 있어, 밤늦게까지 선거 방송을 하고 유족들과 함께 팽목항으로 내려갔다. 7주기에는 아무도 구해주지 않은 그날 그 배에서 20여 명을 구해낸 생존자 김성묵 씨를 만났다.

기사를 쓰는 것은 나만의 추모 방식이었고 내가 4월을 견디는 방법이었다. 내가 아는 이야기를 다른 누군가와 나누고 나면 슬픔도 덜어지는 기분이었다.

나는 2014년 세월호가 침몰했던 그 봄을 팽목항에서 보냈다.

4월 16일 아침, 철야 근무를 하고도 퇴근하지 못한 채 사회부 한구석에서 꾸벅꾸벅 졸고 있었다. 입사한 지 넉 달밖에 안 된 수습기자 처지라 눈치를 보고 있었던 것이다. 큰 소리에 화들짝 놀라 눈을 떴을 때, "해경에 얼른 확인 전화 해!"라는 목소리가 보도국 여기저기에 메아리치고 있었다. 고개를 돌려 보도국 한가운데 걸린 TV를 봤다. 화면 속에 큰 배가 바다 한가운데서 기울어져 있었다.

사회부에 앉아 있던 선배들 모두 전화기를 붙들었다. 나도 해경 홈페이지에 나와 있는 모든 번호로 전화를 돌렸다. 하지만 아무도 받지 않았다. TV에서는 탑승객 전원이 선박을 이탈했다고, 즉 배에 타고 있던 모두가 빠져나왔다고 해군이 말했다는 속보가 나오고 있었다. 얼마 뒤, 단원고에서 한 관계자가 전원 구조됐다는 발표를 하고 있다는 소식이 전해졌다. 그제야 긴장이 툭 풀렸다. 옆자리 선배와 "정말 다행입니다", "정말 다행이야"라는 말을 몇 번이나 나누고 나자 잊고 있던 졸음이 밀려왔다.

그 뒤는 여러분이 아는 대로다. 전원 구조는 없었다.

나를 비롯한 수습기자들 모두 팽목항으로 내려갔다. 4월인데도 바람이 찼다. 보기만 해도 시린 시퍼런 바다 저 멀리 희미하게 부표가 보였다.

나는 그것을 보며 생각했다. '저곳에 아이들이 있다. 이제 겨우 열일곱 살인 아이들이.' 나는 그 나이의 웃음, 설렘, 두려움, 의젓함을 떠올릴 수 있었다. 아주 쉽게, 그리고 구체적으로. 내가 가장 사랑하는 막둥이 남동생이 열일곱 살, 저 바다에 있는 아이들과 동갑이었으므로.

◆

울 때가 아니라고, 정신을 바짝 차려야 한다고 생각했던 걸까. 팽목항 끝자락에 서서 하염없이 바다를 바라보는 부모들은 누구 히니 쓰러지거나 울부짖지 않았다. 그때 한 어머니가 딸의 이름을 불렀다. 그리고 그것은 곧 메아리가 되었다. 팽목항은 금세 아이들의 이름으로 가득 찼다.

이런 상황을 적고 있자니 눈물이 고였다. 잠시라도 눈을 깜빡이면 수첩 위로 뚝뚝 떨어질 정도로, 순식간에 그득하게 고여버렸다. 그때 내 나이 고작 스물네 살이었다. 나이가 더 많다 한들 그 상황에서 슬픔을 누를 방법은 없었겠지만.

나는 울지 않으려 안간힘을 썼다. '독자가 울기 전에 울지 말라'는 거창한 말 때문은 아니었다. 우는 내 모습이 '저도 슬퍼요. 저는 착한 기자예요. 그러니 용서하시고 취재에 응해주세요'라고 비칠까 봐 두려웠다. 오해를 받는 게 싫다기보다는 정말로 용서받을 것 같아서. 전원 구조 오보는 내가 그 소식을 듣고 '정말 다행이다'라고 생각했던 딱 그만큼 죄책감으로 돌아왔다.

하루는 어딘가(아마도 시신 안치소였던 것 같다)를 다녀온 한 아버지가 큰 소리로 무어라 이야기를 하기 시작했다. 근처에 있던 수습기자들이 수첩과 펜을 들고 모여들었다. 아버지는 울먹이며 손사래를 쳤다. 수습기자 말고 진짜 기자들 오라고, 선배들 부르라고, 수습은 기사도 못 쓰지 않느냐고.

그 순간 멍해졌다. 수습기자와 기자의 차이를 아는 사람이 몇이나 될까. 부모들은 며칠 사이 선미, 좌현 같은 배와 관련한 용어를 익힌 데 이어, 수습기자라는 용어까지 익혔다. 이분들이 앞으로 얼마나 더 많은, 몰라도 됐을 용어를 익히게 될까 생각하니 아득해졌다. 손끝으로 무언가 쑤욱 빠져나가는 느낌이 들었다.

그렇게 멍하니 서 있다가 아버지의 손을 피하지 못했다. 아버지의 손끝이 내 팔에 닿았을 때에야 정신을 차렸고, 우리는 눈이 마주쳤다. 괴로움으로 일그러져 있던 아버지의 얼굴에 일순간 경악한 표정이 떠올랐다. 때린 것도 아니고 스친 것에 가까웠는데도 남의 집 귀한 딸을 쳤다고 생각한 것 같았다. 나는 그 깜짝 놀란 표정을 보며, 이것이 세월호가 침몰하기 전 평범한 부모였던 이분의 얼굴이겠구나, 생각했다.

그분이 누구의 아버지였는지, 무슨 말을 했었는지는 기억나지 않지만, 그 얼굴만큼은 아직도 기억에 선명하다. 그 얼굴은 그들이 영원히 잃어버린 것에 관해 생각하게 했다. 평범함. 그것은 평범함이었다.

팽목항에서는 오가는 단어들도 평범함을 잃어갔다. 그중 하나가 '효자'였다.

"첫날 수습된 아이들 있잖아요. 부모들 울음소리를 듣는데, 미안한 얘기지만 우리 애가 아니라 다행이라고 생각했어요. 그런데 그 부모들이 운이 좋은 거였어요. 효자예요, 효자. 우리 애는 나올 생각도 안 하는데."

차디찬 바다에서 일찍 나오면 나올수록 '효자'였다. 체육관 바닥에 은박 돗자리를 깔고 하루하루 버티는 부모들에게 가장 두려운 일은 영영 아이를 데려가지 못하는 것이었다.

시간이 지날수록 시신에 대한 묘사는 두루뭉술해졌다. 키, 머리 길이, 옷차림 등이 발표되면 "어떡해. 우리 딸 같아"라며 주저앉는 부모가 한두 명이 아니었다. 키와 머리길이가 비슷한 아이들이 많고, 옷도 여러 벌 가져간 만큼 특정하기가 어려웠다. 그나마 가장 도움이 된 건 신발이었다. 대부분 현관을 나설 때 신고 나간 그 신발을 신고 있었고, 부모들이 아이의 신발 브랜드와 발 사이즈를 정확히 알고 있었기 때문이다. 그런데도 시신 안치소로 달려가 확인하고는 "우리 애가 아니었네" 하고 돌아오는 부모도 있었다.

"다녀왔는데 우리 딸이 아니더라고요. 근데 내가 보고 온 아이가 많이…… 상했어요. 우리 애는 더 늦게 나올 테니 더하겠죠?"

시신 안치소를 다녀온 부모들은 새하얗게 질린 얼굴로 이런 이야기를 하곤 했다. 그곳은 정말, 사람이 갈 곳이 못 됐다. 그곳에 다녀오면 모두 시름시름 말라갔다. 한 아버지는 고열에 시달리는 아내의 이마를 짚으면서 불효녀도 이런 불효녀가 없다며 눈물을 훔쳤다. 불효녀라는 말이 듣기 싫었던 걸까. 어버이날을 앞두고 아이가 나왔다. 가깝게 지내던 유족이 체육관을 떠날 때면 늘 배웅을 해주었는데, 아버지와 나눈 마지막 대화가 잊히지 않는다.

"우리 딸 말이야. 많이 안 좋더라고. 뭔가 큰 가구 같은 거에 눌려서 압사당한 것 같았어. 어떡하긴 뭘 어떡해. 잘됐다고 하는 말이야. 나는 보고 안도했어. 늘 그게 무서웠거든. 바닷물이 들어온다고 바로 가는 게 아니잖아. 어떻게든 끝까지 살아보려고 숨을 쉬어보려고 발버둥 치다 갔을 거 아냐. 그때 애가 얼마나 무서웠겠어. 얼마나 부모를 찾았겠느냐고. 그 생각만 하면 정말 미칠 것 같았거든? 근데 한 번에 떠났다니 오히려 다행이지."
'다행이다'라는 말도 이곳에서는 평범함을 잃었다.

◆

아이의 시신을 수습해 안산으로 돌아갔던 부모들이 여전히 팽목항에 남아 있는 부모를 걱정하며 다시금 이곳을 찾을 만큼 꽤 오랜 시간이 흘렀을 때였다. 안산에서 내려온 부모들은 "이러다 몸 다 상한다. 식당 가서 따뜻한 밥다운 밥 한 끼 먹자"며 남아 있는 부모들의 팔을 잡아당겼다. 남아 있던 부모들은 "아이, 그러다가 우리 애 나오면 어떡해" 하고 고개를 저었다. 하지만 이내 "방송 다 해주는데 뭐"라는 말과, "그래요. 소식 오면 바로 전화드릴게요"라는 나를 포함한 주변인들의 권유에 자리에서 일어났다. 그중에는 조카를 딸처럼 키워온 삼촌도 있었다. "우리 애는 이름을 딴 목걸이를 하고 있어서 올라오기만 하면 바로 찾을 수 있다"는 말을 입에 달고 살던 분이었는데, 이날도 같은 말을 하며 떠밀리듯 체육관 밖으로 나갔다.
아이도 초라한 체육관이 속상했던 걸까. 다시는 그곳으로 돌아가지 말라는 듯, 삼촌이 체육관을 나선 지 한 시간 만에 바다 위로 올라왔다. 이름을 딴 목걸이를 걸고.

핏기가 가신 얼굴로 삼촌이 헐레벌떡 달려왔다. 체육관에서 시신 안치소까지 가는 봉고차에 태우고 문을 닫으려는데, 정보계장이 나를 조용히 불렀다. "같이 좀 가주세요. 혼자 보낼 순 없잖아요."

시신 안치소는 '언론 출입 금지' 구역이었다. "기자가 어떻게 가냐", "보호자 자격으로 가면 된다", "입구서 막을 거다", "내가 전화해두겠다" 하고 한참 동안 실랑이를 벌였다. 언론 출입 금지 운운한 건 내가 규칙을 잘 지키는 사람이라서가 아니었다. 이제 와 고백하자면, 나는 그때 두려웠다. 나는 아직 그렇게 큰 슬픔을 마주할 자신이 없었다.

"내가 책임 다 질 테니까 가줘요, 응?"

나는 계장이 집에도 잘 안 들어가고 차에서 쪽잠을 자가며 유족을 챙기고 있다는 것을 잘 알고 있었다. 그런 계장이 이렇게까지 이야기하는데 더는 마다할 수 없었다. 봉고차에 올랐다.

시신 안치소로 가는 길, 무거운 침묵이 흘렀다. 우리는 아무 말도 하지 않았다. 간간히 내비게이션의 안내 음성만 들려올 뿐이었다. 충분히 천천히 가고 있는 것 같은데, 야속하게도 내비는 자꾸만 속도 제한을 안내했다. 얼마나 달렸을까, 저 멀리 흰 천막과 불빛이 보였다. 시신 안치소였다. 나는 고개를 돌려 삼촌을 바라봤다. 담담한 표정이었다.

봉고차에서 내리자 자갈밭이 펼쳐졌다. 걸음을 서두르는데도,

자갈밭이 꼭 사막이라도 되는 것처럼 좀처럼 속도가 나지 않았다. 시신 안치소와 가까워질수록, 흐느끼는 소리가 점점 크게 들려왔다.

천막 안으로 들어가자 흰 플라스틱 의자가 늘어서 있었다. 의자에는 다른 가족들이 앉아 있었다. 몇몇은 삼촌처럼 담담한 표정이었고, 몇몇은 다 쉬어버린 목소리로 오열하고 있었다. 울지 않고 있던 유족은 우리처럼 막 도착한 사람들이고, 울고 있던 유족은 시신의 사진을 확인하고 온 이들이라는 것을, 우리가 사진을 보러 갈 차례가 됐을 때 깨달았다.

"사진 먼저 보여드릴 거예요. 보고 맞다 하시면, 그때 시신을 확인하시게 됩니다."

안내를 받으며 들어간 다른 천막에는 큰 모니터가 세워져 있었다. 곧 모니터에 사진 한 장이 떴다. 옷이었다.

"옷차림 먼저 확인하시고요. 손 사진도 보여드릴게요."

삼촌은 침착하게 고개를 끄덕였지만, 축 늘어뜨린 손은 덜덜 떨리고 있었다.

"얼굴도 보여드릴 수 있지만 생전 모습과 달라서 큰 상처로 남으실 수 있어요. 그래서 안 보신 분들도 많으세요."

하지만 삼촌의 의지는 확고했다. 우리 아이인데 왜 못 보겠느냐는 것이었다. 다만, 트라우마가 될 수 있으니 나는 뒤돌아서 있는 게 좋겠다고 했다. 내가 뒤돌아서고 얼마 지나지 않아 흐느끼는 소리가 들렸다. 몸을 돌려보니 삼촌이 자갈밭에 주저앉아 있었다. 뒤돌아서라고 나를 배려할 정도로 침착했던 삼촌은 아이의 얼굴을 보고 바로 무너져버렸다.

일어서지 못하는 삼촌을 자원봉사자들이 부축해 우리가 원래 있던 천막으로 데려다주었다. 삼촌은 플라스틱 의자에 무너져내렸다. 우는 것밖에 못 하는 연체동물이 된 것처럼, 온몸에 힘이 빠진 채로 흐느끼기만 했다.

그때 갑자기 밖에서 우당탕하는 소리가 들렸다. 나가보니 한 아버지가 플라스틱 의자를 집어 던지며 울부짖고 있었다. 우리가 처음 천막에 들어왔을 때 울고 있던 부모 중 한 명이었다. 막 시신을 확인하고 오는 길인 듯했다.

"우리 애를…… 우리 애를……. 내가 정말 가만 안 둬, 가만 안 둔다고."

'누구를' 가만두지 않겠다는 것일까. 그의 분노에는 방향이 없었다. 과적을 한 사람. 혼자만 빠져나온 선장. 제대로 구조하지 않은 해경. 전원 구조 오보를 낸 언론. 믿을 수 없는 정부. 그리고 대통령. 그의 분노는 너무 많은 곳을 향해 있어 오히려 방향을 잃은 것일지도 모른다는 생각을 했다. 그 생각이 내 가슴을 할퀴어 나는 가만히 자갈만 내려다보았다. 팽목항에는 그런 방향 잃은, 갈 곳 잃은 분노가 떠돌고 있었다.

어느새 삼촌의 눈물은 멎어 있었다.

30분 넘게 기다린 끝에, 우리 차례가 왔다. 아이가 있는 천막에 들어가자 알코올 냄새가 코를 찔렀다.

아이는 흰 천을 덮고 있었다. 삼촌은 무릎을 꿇고 누워 있는 조카와 눈높이를 맞추었다. 이곳에서도 "상처가 될 수 있으니 얼굴은 확인하지 않으셔도 된다"는 말을 했고, 이번에도 삼촌은 "아이를 보고 싶다"고 했다.

흰 천을 걷었다. 삼촌은 울었으나 그 전만큼은 아니었다. 조금이라도 온전한 모습으로 장례를 치르려면 빠르게 절차를 밟는 것이 중요하다는 안내 때문이었는지도 모른다. 삼촌은 아이 곁에서 미안하다, 사랑한다, 미안하다, 미안하다, 미안하다, 하고 마지막 인사를 건넸다. 그리고 천막 밖으로 스르륵 빠져나갔다.

삼촌이 비틀거리며 찾아간 곳은 장례 절차를 밟는 곳이었다. 몇 장의 서류에 사인한 뒤 그는 "이제 다 끝난 거냐"고 물었다. 그렇다고 하자 삼촌은 어둠 속으로 걸어 들어갔다. 천막의 불빛이 한 점도 드리우지 않는 곳까지 걸어가고 나자, 주저앉았다. 그리고 한참 울었다.

지금의 나라면 조금은 더 능숙하게 위로해줄 수 있었을까. 그때의 나는 이런 상황에서 감히 어떤 위로를 건네야 할지 도무지 알 수 없었다. 내가 할 수 있는 건 그저 어깨를 토닥여주는 것뿐이었다.

그 밤, 삼촌과 헤어진 나는 선배들과 다 같이 묵던 작은 여관방으로 돌아왔다. 내내 울고 싶던 나는 베개에 얼굴을 묻었다. 하지만 눈물은 나오지 않았다. 어딘가 꽉 막혀 터져 나오지 못하고 꿀떡꿀떡 속으로 삼켜지기만 했다.

며칠 뒤 나도 서울로 올라가게 됐다. 거의 한 달 만이었다. 현관문을 열자, 그 전에는 한 번도 눈여겨 본 적 없던 동생의 운동화가 눈에 들어왔다. 나는 허겁지겁 운동화를 집어 들고 브랜드와 사이즈를 확인했다.

280밀리미터, 아디다스, 검은색.

동생의 운동화에서 미세한 온기가 느껴졌다. 그 따스함에 갑자기 울컥 눈물이 쏟아졌다. 둑이 무너지듯 한 달간 참아왔던 눈물이 그제야 터져 나왔다.

두 번
다시는

그 기사가 보도된 날은 나의 웨딩 촬영 날이었다. 그렇게 많은 사진을 찍은 건 태어나서 처음이라 기진맥진해 돌아가는 차 안에서 그 기사를 봤다.

상관에게 성추행당한 여군이 스스로 목숨을 끊었다. 적극적으로 피해 사실을 알렸으나 돌아온 것은 묵살과 협박뿐. 결국 피해자는 군인인 남편과 혼인신고를 한 날 자살했다. 떠나기 전 마지막 모습을 영상으로 남긴 채. 웨딩 사진을 막 찍은 참이라, 혼인신고를 한 날 스스로 생을 내던졌다는 사실이 특히 더 끔찍하게 느껴졌다. 오죽했으면 새 출발 하는 날, 행복한 미래만 꿈꾸어야 할 날에 스스로 목숨을 끊었을까. 미래를 함께하기로 한 남편을 생각해서라도 이날만은 이런 선택을 못 했을 것 같은데, 그럼에도 그랬다는 건 고인에겐 모든 걸 뛰어넘을 만한 깊은 절망이 있었다는 것일 테다.

◆

침대에 누우면 바로 기절하듯 잠들 줄 알았는데 그렇지 않았다. 많이 피곤하면 되레 잠이 안 들 때가 있는데 이날이 그랬다. 가까스로 한 발 한 발 무의식의 세계로 들어가던 나는 한 어머니의 얼굴과 마주했다. 여군의 어머니였다. 이 중사처럼 스스로 목숨을 끊었던 여군.

이제 와 돌이켜보면 나에게 기자 생활은 슬픔의 연속이었다. 수학여행 다녀온다던 생때같은 자식이 갑자기 주검으로 돌아온다든지, 아들 생일상 차려준다고 장 보러 나갔던 어머니가 탄 버스가 건물에 깔린다든지, 극단적인 슬픔에 놓인 사람들을 만나 그 눈물을 담는 게 내 일이니 그럴 수밖에 없었다. 그리고 그날 밤 마주한 여군의 어머니는 내가 여태껏 만난 수많은 사람들 중에서도 가장 슬픈 얼굴을 하고 있었다.

어떤 사연이었는지 기억해내려 했지만 모든 게 뿌옜다. 피곤해서만은 아닐 터였다. 사건 자체만 놓고 보면 언론이 떠들썩하게 보도한 건이 아니었다. 한 정부 기관에서 보도자료를 냈고, 그 기관을 담당하는 기자가 휴가 중이라 마침 손이 비어 있던 내가 급히 투입됐었다. 각 언론사 기자들이 한데 모여 다 같이 어머니를 인터뷰하고, 더 묻고 싶은 게 있는 기자들만 남아 차례를 기다렸다. 내 차례가 돼 어머니 앞에 앉아 눈을 마주했는데 멀리서 봤을 때는 보이지 않던 것이 보였다. 어머니 눈 속엔 깊은 슬픔이 자리 잡고 있었다. 그것은 오랫동안 응축된 것이었다. 쌓이고 쌓여, 누군가에게 밟히고 밟혀 아주 단단해진, 그래서 봄이 와도 마지막까지 녹지 않고 버티는 눈덩이와 닮아 있었다. 딸의 죽음을 이야기하면서 엉엉 운 것도, 그렇다고 감정적인 말들을 쏟아낸 것도 아니었는데, 그냥 알 수 있었다. 이분은 아주 많이, 감히 내가 가늠할 수도 없을 정도로 슬프다는 걸 말이다.

어머니는 간단한 질문에도 대답할 말을 한참 찾았고, 가끔은 인터뷰에 집중하지 못하는 듯 보였다. 그래서 어머니가 다른 차원의 세계, 어쩌면 딸이 아직 살아 있던 그 세계에 가 있는 것은 아닐까 생각될 때도 있었다. 그러다 아주 선명하게, 지금 이 세계, 이 자리에 나와 함께 있다고 느껴졌던 순간이 있었는데, 그건 그분이 이렇게 말했을 때였다.
"엄마가 지켜주지 못해 너무 미안하다. 너무 미안하다……."
딸이 떠난 뒤 어머니가 유품으로 건네받은 일기장에는 '참자. 엄마를 봐서라도 참자'라는 글이 적혀 있었다.
상관의 성추행, 혼인신고 날 극단적 선택, 남편도 군인, 남편마저 회유한 군.
이 중사의 죽음은 모두를 화나게, 슬프게, 허망하게 만들기 충분했다. 이 중사는 상관 지인의 개업 축하 자리에 억지로 끌려갔다가 돌아오던 중, 차 안에서 선임인 장 중사에게 성추행을 당했다. 이 중사는 참지 않았다. 바로 차문을 박차고 나가 신고를 했다. 그리고 제대로 된 조치가 있길 기다렸다. 하지만 바로 다음 날부터 회유가 시작됐다. 살면서 한 번쯤 겪는 일이다, 없던 일로 하면 안 되겠냐, 코로나로 회식 금지령이었는데 이 사건이 불거지면 다른 동료들도 방역 지침 어겼다고 처벌받지 않겠느냐 등등 직속상관들의 회유는 계속되었다. 심지어 약혼자였던 남편에게도 같은 군인인데 말 좀 잘해서 좋게 좋게 마무리하자는 식으로 회유했다고 한다. 결국 이 중사는 전출을 요청해 부대를 옮겼지만, 새 부대에서 그녀는 '관심병사' 취급을 받았다. 나흘 뒤, 괴로워하던 이 중사는 남편과 혼인신고를 한 뒤, 집에서 스스로 생을 마감했다. 그리고 그 과정을 전부 휴대전화로 녹화했다.

나는 이 중사의 유가족을 인터뷰하려 했다. 하지만 아버지는 충격을 받은 탓에 평소 지병으로 수술한 곳이 터져버렸고, 어머니 역시 국방부 장관과 면담 중 오열하다 쓰러지는 등 건강이 안 좋은 상황이었다. 그런데도 두 분 모두 인터뷰를 하겠다고 했다. 그것도 꼭 두 분이 같이.

행여 인터뷰 도중 몸이 안 좋아지면 큰일이니, 생방송 대신 사전 녹화를 하기로 했다. 뉴스 시작 세 시간 전, 스튜디오에 앉아 화면 너머로 두 분께 인사를 했다. 현장에 있는 카메라는 부모님의 가슴 아래를 잡고 있었다. 얼굴은 공개하지 않기로 했기 때문이다. TV 모니터로 아버지가 어머니의 손을 잡아주는 게 보였다.

나는 몸 상태도 안 좋고 경황도 없을 텐데 인터뷰에 응해준 이유부터 물었다.

"이런 선택을 할 수밖에 없었던 우리 아이의 그 외롭고 괴로운 마음을 풀어줘야겠다는 생각밖에 없습니다. 우리 아이가 편안하게 쉬기 위해서는 처벌받을 사람들 반드시 처벌받고……."

바로 전날도 오열하다 쓰러졌다는 어머니는 걱정했던 것보다 꿋꿋하게 말을 이어나갔다. 딸을 위해 젖 먹던 힘까지 짜내는 것 같았다. 어머니의 말이 끝나자 아버지도 입을 뗐다.

"저희가 이런 모든 사실을 언론에 공개하고 국민청원을 하니까 그제야 공군참모총장이 뛰어오고 장관님이 뛰어왔습니다. 우리 딸이 생전 피해를 호소하기 위해 많은 신호를 보냈음에도 불구하고 아무도 보호하지 않았습니다. 다른 부대에 가서라도 군대 생활을 하고 싶었던 우리 딸아이는 새로 간 부대에서도 따뜻한 말 한마디 듣지를 못했습니다. 보이지 않는 따돌림의 화살을 쏘아댔습니다."

깍지를 낀 유족의 손이 덜덜 떨리고 있었다. 유족의 말대로 이 중사는 몇 번이고 살아보려 노력했다. 신고 이후 돌아온 것은 회유뿐이었지만, 부대를 옮겨가면서까지 삶을 붙잡으려 했다. 피해자인 자신이 부대를 옮겨야 하는 상황에 화가 났겠지만, 옮겨 간 곳에서라도 따뜻하게 맞아줬다면 훌훌 털어낼 수도 있었을 것이다. 하지만 이 중사는 어디서도 위로받지 못했다.

"혹시 가해자 중 한 명이라도 사죄한 사람이 있었나요?"

"우리에게 찾아와서 사과를 한 사람은 아무도 없었습니다."

힘주어 말하는 어머니의 목소리가 가늘게 떨렸다. 분노와 슬픔이 휘몰아치는 게 느껴졌다. 살아 있는 감정이었다. 그 생생함에 지난밤 떠올렸던 여군 어머니의 담담한 목소리가 오버랩됐다. 슬픔과 분노에 잠식되어 더는 살아 있지 않은 것 같은 목소리. 언젠가 이 중사 어머니의 목소리도 그렇게 바뀌는 게 아닐까. 그것만큼은 막아야 하지 않을까.

"어렵게 인터뷰에 응해주셨는데 끝으로 하고 싶은 말씀 있으십니까?"

"우리 아이의 죽음이 잠시 이슈가 되고 끝나서는 안 됩니다. 군이 바뀌지 않으면 우리 애가 당한 일들이 계속 일어날 것이라는 걸 저는 분명히 알고 있습니다. 우리 아이의 죽음을 통해서 다시는 누구도 그런 불행한 일을 겪지 않도록……."

'꼭 하고 싶은 말', 그것은 우리 딸 이렇게 만든 놈들 가만두지 않겠다는 분노의 말이 아니라, 우리 딸의 죽음으로 군이 바뀌어서 두 번 다시는 이 같은 피해자가 나오지 않도록 해달라는 간절한 바람이 담긴 말이었다. 어머니의 마지막 말을 들으며 나는 한 아버지의 얼굴을 떠올렸다.

◆

2013년 가을이었다. 스물여덟 살 여군 한 명이 자기 승용차 안에서 번개탄을 피워 스스로 목숨을 끊었다. 처음엔 그런가 보다 하고 넘어갔던 사건이었는데, 며칠 뒤 국정감사장에서 유족이 보낸 문자메시지가 공개되며 세상이 떠들썩해졌다.

하룻밤만 자면 모든 게 해결되는데 하면서 매일 야간 근무 시키고……. 약혼자가 있는 여장교가 어찌해야 할까요.

 그때부터 죽은 여군은 이름을 되찾았다. 그녀의 이름은 오○○, 계급은 대위였다. 오 대위에겐 직속상관이 한 명 있었다. 노○○ 소령이다. 오 대위의 휴대전화와 일기장, 그리고 주변 사람들의 증언에 따르면, 노 소령은 장병들이 다 보는 앞에서 허리띠를 풀어준다며 오 대위의 몸을 더듬고, 회식 자리에선 속옷에 손을 넣었다. 그리곤 매일 밤 야근을 시켰다. 오전엔 아무런 일도 시키지 않다가 오후 5~6시가 되면 갑작스레 감당할 수 없을 만큼 많은 일을 시켰다. 오 대위가 밤을 새워 보고서를 작성해 가면 눈앞에서 찢어 얼굴에 던졌다. 그러고서 한 말이 "하룻밤만 자면 모든 게 해결될 텐데"였다고 한다. 성적인 요구를 들어주지 않자 업무를 핑계 삼아 괴롭힌 것이다. 이런 가혹 행위가 10개월간 이어졌고, 군인 남자 친구와의 결혼을 앞두고 있던 오 대위는 결국 차 안에서 목숨을 끊었다. 블랙박스에 남은 오 대위의 마지막은 "죽기 싫다, 살고 싶다"며 흐느끼는 모습이었다. 차 안에서는 경쾌한 〈벚꽃 엔딩〉 노래가 흘러나오고 있었다.

 보도 시스템에 들어갔다. 이제까지 우리 보도국이 찍어놓은 모든 영상을 다시 볼 수 있는 프로그램이다. '오 대위'로 검색하니 2013년 당시 선배들이 유족과 했던 인터뷰가 떴다. 플레이를 누르고 가만히 들어봤다. 한 시간짜리 영상이 끝나갈 때쯤, 오 대위의 아버지는 이런 말을 했다.

"두 번 다시는 대한민국 여군들이 이런 일을 겪어서는 절대 안 됩니다."

오 대위의 아버지를 만나야겠다는 생각이 들었다. 어떤 목소리는 잊혀졌기 때문에 더 큰 힘을 갖는다. 아버지의 목소리야말로 죽음이 반복돼도 바뀌지 않는 군을 지적할 수 있는, 군에게 가장 아픈 목소리였다. 하지만 나는 유족의 연락처를 수소문하던 중, 오 대위 사건에 함께 목소리를 내준 사람에게 아버지를 찾지 말아달라는 말을 들었다.

"기자님, 아버님은 찾지 않으셨으면 좋겠어요. 아버님이 세상을 등지고 살아가고 계시거든요. 산속에서 사세요. TV도 없어요. 그래서 이 사건도 이제야 아셨어요. 이 사건 터지고 너무 똑같은 죽음이니까 걱정돼 제가 연락을 드리는 바람에 알게 되셨는데, 아시고는 펑펑 우셨습니다."

오 대위의 아버지, 이 중사의 어머니처럼 유족 중엔 '내 자식의 죽음으로 사회가 바뀌어서 다시는 똑같은 피해자가 나오지 않아야 한다'고 말하는 분이 많다. 처음엔 이해가 되지 않았다. 자식을 잃은 마당에 예수도 부처도 아니고 또 다른 피해자 걱정이라니. 하지만 유족을 수없이 만나고 난 뒤 어림풋이 느끼게 됐다. 이 말이 선전포고와도 같다는 걸. 그러니까 유족은 내 자식이 죽어야 했던 '이유'와 싸워 승리한 뒤 '우리 딸, 우리 아들, 엄마 아빠가 널 괴롭혔던 거 다 없애버렸단다. 그러니 무서워하거나 괴로워하지 말고 이제 편히 쉬렴' 하고 말하고 싶은 것 아닐까.

오 대위의 아버지 역시 크게 다르지 않았을 거다. 그런데 8년이란 세월이 흘렀는데도 딸과 똑 닮은 죽음이 일어났다. 상대는 얼마나 센 놈인가, 그리고 나는 얼마나 미약한 존재인가. 아버지는 펑펑 울 수밖에 없었을 거다.

나는 일단 알겠다고 전화를 끊었지만, 오 대위 아버지가 목소리를 내리라 믿고 있었다. 그래서 며칠 뒤, 다시 한번 전화를 걸었다. 그러자 그쪽에서 기다리던 답이 돌아왔다.

"아, 기자님. 아버님이 글쎄 인터뷰하시겠다고 하더라고요. 목소리를 좀 내고 싶으신가 봐요."

◆

코로나19로 인해 원래 약속했던 것보다 인터뷰가 2주나 미뤄졌다. 그사이 늘 그렇듯 이 중사 사건에 대한 세상의 관심은 얼마간 사그라졌다. 하지만 그렇기 때문에 아버지의 목소리가 더 필요한 때라는 생각이 들었다.

오 대위의 아버지는 목소리를 내야겠다고 생각하면서도 다른 가족들을 걱정했다. 저마다 가슴 깊은 곳에 털어놓지 못한 상처를 숨기고 있을 텐데, 당신의 인터뷰로 그 상처를 들쑤시게 될까 봐 걱정한 것이었다.

"그러니까 기자님, 여기 내려오시지 마시고요. 마침 제가 병원 때문에 서울 가거든요. 그때 뵙는 게 어떻겠습니까?"

병원 1층 카페에서 8년 전 기사를 검색하며 아버지를 기다렸다. 사람 얼굴을 잘 알아보지 못하는 편이라 처음 만날 때는 사진을 보며 얼굴을 익히고는 한다. 그런데 검색되는 기사마다 제대로 된 사진이 없었다. 사진 속 아버지는 늘 얼굴을 한껏 찡그린 채 엉엉 울고 있거나, 완전히 풀죽은 표정으로 눈을 내리깔고 있었다. 아버지의 우는 사진을 한 시간 정도 봤을까, 진료를 마친 아버지가 나왔다. 울고 있지 않은 평범한 얼굴로.

"그런데 내가 무슨 말을 해야 할지……."

"아버님, 우선은 8년이 지났으니까요. 기억 못 하실 분들을 위해 어떤 일이 있었는지부터 말씀해주시겠어요?"

"2013년 가을 접어드는 때였는데, 전화를 받았어요. 딸이 없어졌다고. 시계를 보니까 3시 45분……."

무슨 말을 해야 할지 모르겠다던 아버지는 그때부터 술술 지난 일들을 꺼내놓았다. 가해자인 노 소령에게서 딸이 사라졌다는 연락을 처음 받고 위치 추적을 했던 일부터 매일매일 서울로 올라와 재판을 참관했던 일까지, 마치 이제 있었던 일을 이야기하듯 풀어냈다.

"딸이 죽고 나서 집에 가 문을 여니까 우리가 택배 보낸 게 그대로 있더라고. 과일이 썩어가지고 박스 안에서 물이 줄줄 흐르는 거라. 우리 딸이 과일을 좋아해서 내가 자주 보내줬거든. 그런데 그걸 뜯을 여유조차 없었던 거지. 그걸 보니까 내가 얼마나 눈물이 납니까."

그래도 이번에는 울지 않았다. 울기에는 시간이 부족하다는 듯 아버지는 계속 이야기를 이어갔다. 나의 질문은 더 이상 필요하지 않았다. 그저 눈을 맞추고 고개를 끄덕여드리는 것만으로 충분했다.

오 대위는 자신이 어떤 일을 당하고 있는지 아버지에게 솔직히 털어놓지 않았다. 한번은 힘든 내색을 비쳐 아버지가 걱정하자, 딸은 바로 괜찮다며 잘 버텨서 조만간 국방대학원 진학도 하고 군에서 커리어를 잘 다져보려 한다는 말만 했다. 딸은 5년간 군 생활을 하며 열두 번이나 상을 받을 정도로 인정받는 인재였다.

아버지는 통화라도 자주 하고 싶었지만, 늦은 밤에도 주말에도, 언제 전화를 걸든 딸은 늘 일하는 중이라고 했다. 아버지는 바쁜 딸이 먹는 거라도 잘 챙기길 바라며 좋아하는 과일과 음식들을 택배로 보내주곤 했다. 딸 역시 월급날이면 암 투병 중인 어머니와 맛있는 거 사 먹으라며 돈을 보내왔다.

만약 오 대위가 월급날 돈을 부치다 말고 '아빠, 실은 나 너무 힘들다'며 모든 걸 털어놨다면 어떻게 됐을까. 결과는 알 수 없다. 하지만 확실한 건, 아버지는 오 대위가 떠난 뒤 그랬던 것처럼 딸을 지키기 위해 뭐든지 했으리란 거다.

오 대위가 떠난 뒤, 아버지는 말 그대로 온 힘을 다해 싸웠다. 정신을 놓을 것 같은 상황에도 딸의 억울함을 풀어주기 위해 버텼다. 하지만 간단한 증거 자료 모으는 것도 쉽지 않았다. 블랙박스도 삭제됐다, 부대 출입 기록도 삭제됐다, 군이 삭제됐다고 한 자료가 너무나 많았다. 한때는 군이 딸의 억울함을 풀어주리라 기대도 해봤지만 점점 믿을 수 없게 되었다.

더 견디기 어려운 것은 군의 회유였다. 군은 노 소령이 목매 죽으려 했다, 노 소령이 한 번만 선처해주면 군에 인생을 바친다더라, 하며 유가족을 괴롭혔고, 나아가 오 대위의 영혼이 노 소령을 풀어주라 했다는 황당한 말까지 서슴지 않았다.

아버지가 기댈 곳은 상식을 가진, 함께 분노해줄 수 있는 국민들뿐이었다. 아버지는 몇 번이고 방송국 카메라 앞에 섰다. 창피함도 잊고 평평 울며 제발 우리 딸의 억울함을 풀어달라고 빌고 또 빌었다.

재판이 열리는 날에는 늘 서울로 올라와 재판 과정을 지켜봤다. 그래야지만 제대로 된 판결이 나올 것 같아 무리한 거다. 재판 과정에서 노 소령은 오 대위가 자기 때문이 아니라 남자 친구와의 불화 때문에 극단적 선택을 한 거라고 주장했다. 급기야 명예훼손으로 피해자 측을 고소하기까지 했다. 아버지는 피가 거꾸로 솟았다. 어서 재판이 끝나 노 소령이 합당한 처벌을 받기만을 바랄 뿐이었다.

하지만 군사법원은 1심에서 집행유예를 선고했다. 군 생활이 행복하다던 딸은 노 소령 밑으로 간 뒤 끔찍이도 괴로워하다 목숨을 끊었는데 집행유예라니, 아버지는 그냥 그 자리에서 죽고만 싶었다. 아버지는 또 울어야 했다. 어떤 날은 한 손에 촛불을, 한 손에 손수건을 들고 울었고, 어떤 날은 딸의 억울함을 풀어달라고 적힌 팻말을 쥐고 울었다.

2심에서도 집행유예가 나온다면 스스로를 용서할 수 없을 것 같았다. 아버지는 전문가들을 찾아가 자살 원인을 찾는 심리부검을 부탁했다. 지푸라기라도 잡는 심정이었다. 심리부검 결과 딸이 죽은 건 노 소령 때문이라는 결론이 나왔다.

이 부검 결과 덕분인지 2심에서는 실형이 선고됐다. 고작 징역 2년이었지만 그래도 집행유예보다는 나았다. 그리고 2015년 여름, 대법원은 노 소령에게 징역 2년 형을 확정했고 드디어 가해자는 교도소에 수감됐다. 긴 싸움이 끝난 셈이다.

이제 그만 주저앉고도 싶었지만, 아버지에게는 지켜야 할 가족이 있었다. 하루하루 꾸역꾸역 잘 살아내야만 했다. 그렇게 2021년까지 왔다. 그리고 그는 이제 그만 우리 딸을 편히 보내줘야겠다고 마음을 먹었다. 아내 몰래 딸아이의 유품을 들고 나가 불태웠다. 집에 들어오니 날이 밝아 있었다. 그리고 얼마 지나지 않아 한 통의 연락을 받았고, 아버지는 손이 덜덜 떨려 휴대전화를 들 수 없을 정도로 큰 충격을 받았다. 이 중사 사건을 뒤늦게 전해 들은 것이다.

"어찌 그리 똑같은 거야, 하나도 안 틀리고. 그때 국방부 장관께서 그런 일 두 번 다시 일어나지 않도록 하겠다 했잖아요. 왜 똑같은 사건이 일어났냐는 거지. 그러니까 나는 국방부를 못 믿겠다는 거야."

장관님 오셨으니 조금만 기다리라고, 장관님이 한 풀어주실 거라고 울먹이던 이 중사의 부모님이 떠올랐다.

"방송할 때만 잘해준다고 하지요. 돌아서면 끝이요, 끝. 남는 건 엄마, 아빠 병밖에 없어요. 우리 집사람 마음이 오죽하겠어요. 이번에 이 중사 사건, TV도, 뉴스도 안 보려고 합니다. 우리 딸 죽음이랑 똑같으니까. 말은 안 해도 우리 집사람 삐쩍 말라 있어요. 기자님보다 더 말랐습니다. 공군 이 중사 같은 경우도 가족에 남자친구까지 있는데도 왜 그런 선택을 했겠습니까. 사람이 그렇잖아요. 어디에 신경 쓰다 보면 다른 건 생각하기 싫어지거든요. 그럼 어떻게 되겠어요? 뭐든지 귀찮아지잖아요. 남자 친구고, 어머니, 아버지고 뭐고 생각 안 나는 거라. 내가 편해야 된다는 거라. 그럼 그게 뭡니까. 죽음 아닙니까. 우리 이 중사 같은 경우에도 이런 데 가서 이런 말 해서 자기 속을 풀 수 있으면, 벌써 풀었지. 이분이 들어주는데, 내 편 들어주는데, 왜 죽습니까. 그런데 누구 한 놈 편들어주는 사람이 없는 거라."

누구 한 놈 편들어주지 않았다는 말이 아프게 박혔다. 그러고 보면 정말 그렇다. 8년이란 세월이 흐르면서 피해자의 행동은 달라졌다. 오 대위는 제대로 고발 한번 못 해보고 홀로 고통을 삼키다 세상을 떠났지만, 이 중사는 '이 사람이 날 추행했다'고 용기 내 외쳤다. 하지만 피해자가 침묵했을 때도, 피를 토하는 심정으로 소리쳤을 때도, 결과는 같았다. 아버지 말대로 누구 한 놈 편들어주는, 아니 그냥 원칙대로 처리해주는 놈이 없었다.

군은 군사기밀을 다룬다는 이유로 그 어느 조직보다 폐쇄적이다. 수사도 군검찰에서 하고, 재판도 군사법원에서 하다 보니 '제식구 감싸기'가 발동할 가능성이 어느 조직보다 크다. 오 대위의 아버지는 이번 일을 계기로 성폭력처럼 군사기밀과 무관한 사건에 한해서는 수사와 재판을 민간 수사기관과 법원에 맡기거나, 독립된 외부 기구를 만들어 맡겨야 한다고 목소리를 높였다. 비단 피해자의 아버지뿐 아니라, 시민단체, 전문가, 심지어 사건이 터질 때면 국회까지 가세해 이구동성으로 하는 말이지만, 그럼에도 여태 아무것도 바뀌지 않았다. 폐쇄적인 조직 문화와 기울어진 군검찰, 군사법원 때문에 군대 내 성범죄에 대한 처벌이 제대로 이루어지지 않는다는 지적이 많았지만, 군의 반대로 번번이 개선에 실패한 것이다.

◆

어느새 인터뷰를 시작한 지 두 시간이 지나 있었다. 아버지는 할 말이 더 남은 듯했지만, 돌아갈 비행기를 타려면 일어나야 했다. 아버지는 마지막으로 꼭 하고 싶은 말이라며 이 말을 남긴 뒤, 자리에서 일어났다.

"두 번 다시는…… 그러니까 우리 딸이 처음에 당했잖아요. 이 중사가 두 번째로 당했잖아요. 세 번째는 안 나와야죠. 첫 번째는 나올 수 있다 하더라도 두 번째는 안 나올 거라 생각했는데, 또 나왔잖아요. 세 번째는 진짜 안 나와야 해요. 몇 년 있다 이런 일이 또 나오면 그때는 뭐라고 말할 겁니까? 나라에서 뭐라고 말할 겁니까?"

'두 번 다시는…….' 8년 전 인터뷰와 마찬가지로, 이번에도 이 말을 마지막으로 인터뷰는 끝났다. 택시를 부르고 기다리는 사이, 아버지가 불쑥 이런 말을 했다.

"기자님 같았을 텐데."

"네?"

"살아 있었으면요. 기자님 나이 정도 됐었을 거 같아요. 키도 기자님만 했거든요. 그리고 내 딸이라서 하는 말이 아니고요, 누가 봐도 알잖아요. 참 예뻤어요. 지금쯤이면 아마 국방대학원도 졸업하고……."

택시가 도착하는 바람에 이야기가 끊겼다. 떠나는 택시를 향해 손을 몇 번 흔들고 돌아오는 길, 나는 아버지가 못다 한 상상을 마저 해봤다.

나보다 네 살 언니인 오 대위. 살아 있었다면 오 대위도 지금쯤 단란한 가정을 꾸렸을 것이다. 나처럼 드레스를 입고 웨딩 촬영을 했을 테고, 결혼식장에선 마지막 순간 틀어놨던 〈벚꽃 엔딩〉이 축가로 불렸을지도 모르겠다. 성실한 성격이니 국방대학원도 무난하게 졸업했겠지. 나의 상상은 오 대위가 내가 자주 찾는 삼각지 카페에 앉아 "내가 처음 임관했을 때만 해도 여기 아무것도 없었는데 이제 핫플레이스가 다 됐어"라며 생긋 웃는 모습으로 끝이 났다.

며칠 뒤 기사가 나가고 전화 한 통을 받았다. 오 대위의 아버지였다.

"방금 뉴스로 봤는데, 아이고 잘 담아주셔서 너무 감사합니다."

그리고 전화를 끊기 전, 아버지는 또 "두 번 다시는……"으로 시작하는 그 말을 꺼냈다.

"두 번 다시는 정말로 이런 일이 안 생기도록 그렇게 좀 해주십시오. 기자님이, 언론이 많이 좀 도와주십시오."

최선을 다하겠다는 말로 전화를 끊고 나자, 마음이 착 가라앉았다. 나는 그대로 누워 팔로 두 눈을 가려버렸다. 말이라도 '꼭 그렇게 하겠다'고 할 걸 그랬나, 후회했다. 그렇게 말하지 못한 건 몇 년 뒤 또 비슷한 죽음이 반복되면 어떡하나 스멀스멀 걱정이 밀려온 탓이었다.

그리고 딱 한 달 뒤, 해군에서 같은 부대 상사로부터 성추행을 당했다고 신고한 여성 중사가 스스로 목숨을 끊었다. 이 중사의 이름도 공개됐다. 유족이 이 사건을 수사한 사람들도 수사해야 한다며 '부실 수사'를 주장하고 나서면서였다. 이 중사의 어머니는 오 대위 아버지의 얼굴이 되어 "내 딸 이름은 이예람"이라며 딸의 이름과 얼굴을 공개하는 것을 무릅쓰고, 특검으로 제대로 수사해달라고 호소했다.

그리고 2021년 8월, 군사법원법이 개정됐다. 2022년 7월 1일부터는 군 성범죄 사건, 군 사망 사건은 군이 아닌 민간에서 수사와 1심 재판을 맡게 된다.

원수에게도
빌려줄 수 있는 것

현관문을 열자 끈적한 공기가 얼굴을 훅 덮쳐왔다. 이제 정말 본격적인 여름에 들어선 건지 출근길 공기가 달라졌다. 문 앞에 놓인 신문을 집어 들고 엘리베이터 버튼을 눌렀다. 오늘따라 손끝에 닿은 신문지가 꿉꿉하게 느껴진다.

그 꿉꿉함은 회사까지 두세 정거장을 남겨뒀을 때도 좀처럼 사라지지 않았다. 나는 광고면 한 장을 가만히 만지다 구겨보았다. 그리고 다시 폈다.

'이러면 정말 신문지가 부드러워진다고?'

다시 구기고 폈다. 부드러워졌나. 글쎄, 모르겠다. 그래봐야 신문지인데. 이건 절대, 절대로 생리대가 될 수 없다. 신문지를 속옷 안에 넣는 상상을 하니 어깨가 흠칫 떨릴 정도로 불쾌하다. 신문지를 쥔 손에 다시 꿉꿉함이 느껴진다. 출근길 내내 나를 따라다닌 꿉꿉함의 원천이 여기 있었나 보다. 지하철에서 내려 회사로 걸어가면서, 나는 생리대 살 돈이 없어 아이들이 대신 썼다던 물건들을 떠올렸다.

깔창, 신문지, 양말, 수건. 이게 다 뭐냐고, 우리나라 이야기냐고 물어볼 독자도 있을 것 같아 미리 밝혀둔다. 우리나라 이야기다. 그리고 그렇게 먼 과거의 이야기도 아니다.

그러니까 2016년이었다. 국내 생리대 시장의 절반 이상을 점유하고 있던 유한킴벌리가 생리대 가격을 올리겠다고 발표했다. 우리나라 생리대 평균 가격은 이미 OECD 국가 중 최고 수준이었다. 우리나라는 개당 평균 331원이었는데, 우리보다 물가가 비싼 미국과 일본은 181원이었으니 말이다.*

가뜩이나 비싼 생리대가 더 비싸진다는 소식에 '그날이 무섭다'는 저소득층 청소년들의 고백과 사연이 SNS에 올라오기 시작했다. 한 초등학생이 홀로 어렵게 생계를 꾸려가는 아버지에게 차마 생리대 사달라는 말을 할 수 없어 '신발 깔창'으로 생리대를 대신했다는 사연. 제자 한 명이 아프다고 일주일이나 결석해 찾아갔더니, 아픈 게 아니라 생리대 살 돈이 없어 수건을 깔고 누워 있더라는 사연. 신문지를 구겼다 폈다 하면 부드러워져서 생리대 대신 썼다는 중학생의 사연. 생리대로 쓸 수 있을 거라고는 상상도 못 한 것들이 우르르 쏟아져 나왔다.

우리 사회가 큰 충격에 빠진 것은 당연했다. 정부는 곧장 형편이 어려운 청소년(만 11~18세)을 선별해 생리대를 지원하는 사업을 시작했다. 처음에는 아이가 직접 보건소를 방문해 신청서를 쓰고 생리대를 받아 가는 방식이어서 '가난을 증명하고 공개된 장소에서 생리대를 받아 가라는 말이냐'는 비판이 일기도 했으나, 점점 개선돼 지금은 원하는 종류의 생리 용품을 선택해 온라인 등에서 살 수 있도록 바우처 형식으로 지원하고 있다. 한 달

• 출처 : 한국소비자원.

지원 금액은 내가 취재한 2020년을 기준으로 1만 1,000원이었는데, 물가 상승률을 반영해 매년 5퍼센트씩 오르고 있다.

그렇다면 이제 '그날이 두려운' 아이들은 존재하지 않을까. 나는 그 답을 찾기 위해 깔창 생리대 이후, 그러니까 정부가 지원에 나선 이후 생리를 시작해 생리대를 지급받고 있는 아이들을 만나기로 했다. 이날이 바로 그날이었다.

◆

약속 시간이 지났는데도 아이들이 오지 않자 초조해졌다. 갑자기 마음이 바뀌어 아무래도 인터뷰는 어렵겠다고 메시지가 올 것만 같아 휴대전화를 쥔 손에 힘이 꽉 들어갔다. 아동, 청소년 인터뷰는 원체 섭외가 어렵지만, 이번에는 정말 하늘의 별 따기였다. 생리를 생리라 부르지 못하고 마법이니 그날이니 돌려 말하고, 생리대를 살 때조차 들키면 안 될 것을 산 것처럼 검은 비닐봉지에 꽁꽁 숨기는 것이 우리나라니 어쩌면 당연한 것이었을지도 모른다.

그만큼 어렵게 잡은 인터뷰였기 때문에, 아이들이 "늦어서 죄송해요" 하며 들어섰을 때 나는 그게 안도했다. 그리고 아이들이 "우와, 신기해. 카메라 진짜 크다", "제가 지인짜 〈아는 형님〉 팬이거든요. 촬영장 가봤어요?"라고 재잘재잘 이야기를 쏟아낼 때는 한결 마음이 놓였다. 불편한 자리, 불편한 주제에 입을 꾹 다물까 내심 걱정했기 때문이다.

생리대 이야기를 시작하자, 〈아는 형님〉 팬이라고 말할 때 붙던 '지인짜'가 생리대 가격 앞에 붙었다. "생리대가 지인짜 비싸잖아요. 한번은 일주일 넘게 한 거예요. 하…… 일주일 치로 계산해서 쓰고 있었는데 다 꼬여버렸잖아요. 지인짜 낭패였어요."

아이는 하루에 생리대를 몇 개씩 써야 하는지 철저하게 계산해서 쓰고 있었다. 생리 양이 많은 첫째, 둘째 날은 좀 더 많이 쓰고, 딱 그만큼 양이 적은 여섯째, 일곱째 날은 적게 써왔는데, 갑자기 '여덟째 날'이 불쑥 등장했으니, 낭패도 그런 낭패가 없었다.

그럴 때면 버티다 친구에게 빌리거나 양호실을 찾곤 했는데, 그것도 한두 번이지 눈치가 보여 더는 손 내밀 수 없었다고 한다. 특히나 양호 선생님이 친구들 다 보는 앞에서 아픈 것도 아닌데 왜 자꾸 생리대 가지러 양호실에 오느냐고, 이게 마지막이니 다시는 오지 말라고 면박을 준 뒤로는 양호실만은 절대 못 간다고 했다.

양호 선생님에게 사정을 말해보지 그랬냐고 하니, 고개를 세차게 흔든다. 생리대 지원을 받는 건 아무도 모른다고 했다. 그런 지원을 받는다고 하면 '없어 보이지' 않느냐고, 친구들이 "쟤 저소득층인가 봐" 하고 수군거린다고 했다. 옆에 앉은 친구야 같이 지원을 받기 시작해서 알게 된 거지, 반 친구 누구도 모르는 비밀이라고.

그럼 '여덟째 날'이 등장하지만 않으면 괜찮은 거냐고 물었더니 아이들은 다시 고개를 저었다. 일곱째 날에서 끝나더라도 생리대가 넉넉한 적은 없었다는 것이다.

"위생이 지인짜 중요하다고 하잖아요. 그런데 그렇게 자주 갈면 금방 다 써버리니까 아껴 써야 되고······."

보건 당국도, 의사들도 두세 시간에 한 번씩 생리대를 교체하고, 최장 네 시간을 넘기지 말라고 안내하고 있다. 구체적으로 시간을 명시해둔 것은 생리대를 갈아야 할 때 갈지 않는 것이 단지 찝찝함, 그러니까 기분만의 문제는 아니라는 뜻이다.

그런데 정부가 생리대 지원 사업을 시작한 뒤에도, 생리대를 아끼려고 오랜 시간 쓰는 청소년은 여전히 많았다. 2021년에 이뤄진 설문조사에서도, 생리대를 아끼기 위해 네 시간 넘게 사용한 적이 있다고 답한 청소년이 무려 74퍼센트에 달했다. 휴지나 수건 등을 사용한 경험이 있다고 답한 청소년 역시 12퍼센트나 됐다.●

"저기, 그럼 생리대를 아껴 쓸 때마다 마음은 어땠어요?"

"약간 슬퍼요. 다른 애들은 다 자주 갈 거 아니에요? 근데 저는

● 서울시 청소년 월경용품 보편지급 운동본부에서 2021년 5월, 만 11~24세 청소년 1,234명을 대상으로 실시한 설문조사 결과.

그냥 한두 번 가니까……. 뭐라고 해야 되지, 약간 제가 좀 불쌍해 보이고…….”

아이가 쓰는 부사가 바뀌었다. 조금 전만 해도 '진짜', '정말' 같은 말을 즐겨 쓰던 아이가 '약간'이라는 말을 쓰기 시작했다. '진짜' 슬펐던 건 아니고 '약간' 슬펐다는 말. 나도 그 또래를 지나왔기에 안다. 그맘때쯤 아이들이 쓰는 '약간'이라는 말은 '진짜'보다 더 진짜일 때가 많다는 것을.

신나게 떠들던 아이들이 입을 꾹 다물었다. 나는 질문을 조금 바꿔서, "친구처럼, 생리대가 부족한 애들의 마음은 어땠을까?"라고 물었다. 머뭇거리던 아이가 다시 입을 뗐다.

"사고 싶은 마음은 너무 굴뚝같은데 못 사니까 '왜 이렇게 태어나서', 약간 그런 생각을 할 것 같아요. 우리 집은 돈 없는데 다른 사람들은 돈이 너무 많다고 생각돼 혼자 위축될 것 같고."

타인의 마음을 헤아릴 때, 나의 마음이 투영될 때가 있다. 아이는 자신이 느낀 감정으로, 자신과 같은 처지에 놓인 타인의 마음을 헤아려본 것일 테다. 다시 아이의 말수가 적어졌다. 더 이상 인터뷰가 어렵다는 것을 느끼고, 오늘 만나줘서 고맙다는 인사를 건넸다. 앙다문 아이들의 입꼬리가 긴장이 풀려서인지 살짝 올라갔다.

아이들의 교복에서 마이크를 떼어내고, 카메라를 정리하면서 축 처진 공기를 다시 가볍게 만들려고 '이제 정말 덥다'며 시시콜

콜한 날씨 이야기를 꺼냈다. 그러자 아이들도 벌써 이렇게 더워 정말 걱정이라고 했다. 나는 더위를 안 타는 편이지만 "그러게, 정말 걱정이네요" 하고 맞장구를 쳤다. 그런데 돌아오는 답변에서 아이들이 진짜로 걱정하는 건 더운 날씨 그 자체가 아니라는 것을 알 수 있었다.

"여름에는 진짜 땀이 많이 나니까 벌써부터 걱정이에요. 대책이 없어요. 땀 때문에 조금만 하고 있어도 냄새가 나니까."

◆

조금 빨리 걸었을 뿐인데 콧잔등에 땀이 송골송골 맺혔다. 손등으로 땀을 닦아내며 대형 마트로 들어갔다. 목적지는 생리대 코너였다. 아이들이 받는 지원금으로, 어떤 생리대를 얼마나 살 수 있는지 직접 확인하기 위해서였다.

진열대를 훑으며 제일 싼 생리대를 찾았다. 가격을 보니 역시 예상대로였다. 아이들은 하루에 최소 생리대 일고여덟 개는 필요하다고 했다. 두세 시간에 한 번씩 교체하라는 권고를 따르기 위해서도 그 정도는 필요했다. 생리를 일주일간 한다고 치면 50개 정도는 필요한 셈인데, 어느 것을 사더라도 1만 1,000원으로는 부족했다. 아이들 말대로 아껴 쓸 수밖에 없는 상황이었다. 생리대 한 개 평균 가격 331원으로 단순 계산하면 1만 6,000원 넘게 필요했다.

하지만 내가 '아이들이 필요한 만큼의 생리대를 사려면 1만 1,000원보다 지원금을 더 늘려야 하지 않느냐'는 질문을 던졌을 때, 정부 관계자들 대부분은 '그렇지 않다'고 답했다. 온라인으로 마트보다 더 싼 생리대를 살 수 있다는 것이 이유였다. 지원금이 부족하다는 민원 내용을 살펴보면, 대부분 선호하는 생리대가 있고, '그 생리대'를 사기에는 부족하다는 것이라며, 세금을 들여 지원하는데 사고 싶은 대로 다 살 수는 없는 것 아니냐는 말을 덧붙인 관계자도 있었다.

그들의 말대로, 분명 온라인에는 마트보다 더 싼 생리대들이 있었다. 최저가 생리대를 사면 1만 1,000원으로도 충분해 보였다. 하지만 최저가가 '복지'의 기준이 될 수 있을까?

그러나 나는 곧 1만 1,000원이 적절한 금액이냐 아니냐를 따지는 것은 어쩌면 부차적인 문제일지 모른다는 생각을 하게 됐다. '사각지대'에 놓인 아이들을 마주했기 때문이다.

◆

A는 카메라 앞에 앉는 것도, 목소리만 녹음해 음성변조를 하는 것도 거절했기 때문에, 방송 기사의 특성상 보도하지 못했지만, 이 책에서만큼은 A가 들려준 이야기를 해보려 한다.

A는 중학교 1학년이었다. 초등학교 4학년 말에 생리를 시작했다고 한다. A가 원치 않을 것 같아 가정 형편을 구체적으로 설명하지는 않겠다. 다만, 생리대를 사기에 버거운 형편임은 틀림없었다. 그럼에도 A는 정부의 지원 대상에서 빠져 있었다. 모든 정부 지원 사업이 그렇듯 생리대의 경우도 가구 소득이 정해진 기준을 조금이라도 넘어서면 지원받을 수 없게 되는데, A가 그런 처지였던 것이다.

어떠한 지원도 받지 못한 A는 그저 생리대를 아껴 쓸 수밖에 없었다. 인터넷에서 한 번에 대용량으로 사는 것이 가장 저렴하게 구하는 방법이었지만, A에게는 그만한 돈이 없었다. A는 생리대를 아끼기 위해, 생리대에 묻은 피를 휴지로 닦아가며 썼다. 가장자리를 누르면 피가 배어 나오는데, 그때 휴지로 닦아내면 더 오래 쓸 수 있다고 했다.

이렇게까지 했는데도 똑 떨어진 날에는 휴지를 돌돌 말아 생리대 대신 썼다. 그런 날이면 학교에 가기 싫었다. 실제로 아프다고 하고 결석한 날도 있었다. 휴지 때문에 피부가 따끔거리는 건 어떻게 꾹 참는다고 해도, 흡수력 없는 휴지 때문에 피가 새어 나오는 것은 막을 방법이 없었다. 피가 새어 나와서 아이들이 다 보면 어떡하지. 오늘 체육 수업 있는데, 이동 수업 있는데. 이런 생각만 하면 발아래 땅이 쑥 꺼지는 기분이 든다고 했다.

"강아지가 생리하면 바닥에 피가 찍힌대요. 그걸 꽃 도장이라고 부른다더라고요. 그 얘기 듣고 내가 강아지랑 다를 게 뭐가 있지, 라는 생각을 했어요."

그 말을 듣고 나는 아무런 대꾸도 하지 못했다. A와 나눠 앉은 공원 벤치가 통째로 쑥 꺼지는 느낌이 들었다.

생리 현상을 어떻게 처리할 것인가는 그 무엇보다도 인간의 존엄성과 맞닿아 있는 문제다. 그렇지 않다면 문명사회가 굳이 화장실이라는 것을 만들어내지 않았을 것이다. 우리나라도 애써 세금을 들여, 누구나 언제든 사용할 수 있는 공공 화장실을 만들지 않았을 것이다. 휴지와 비누까지 완벽히 비치해두는 일은 더더군다나 없었을 것이다. 게다가 여기에 대해 '왜 내 피 같은 돈을 그런 데 쓰느냐'고 화내는 사람도 없으니, 화장실 관련 문제만큼은 사회적 공감대를 이루고 있다고 봐야 할 것이다.

우리나라는 다른 나라에 비해 상대적으로 공공 화장실 정비가 잘되어 있는 편이다. 누구든 언제나 깨끗한 공공 화장실을 이용할 수 있는 곳이 우리나라다. 휴지도 공짜로 쓸 수 있고, 비누로 손을 깨끗하게 씻을 수도 있다. 그러니까, 당신이 누구든, 얼마나 가난하든, 생리 현상만큼은 위생적으로, 안전하게 처리할 수 있다는 것이다.

그렇게 생각하면, 형편이 어렵다고 생리대를 살 수 없다는 것이, 생리대 대신 신문지나 휴지 따위를 쓰느라 피부가 짓무르고 때로는 학교마저 빠져야 한다는 것이 부당하게 느껴진다. 같은 생리 현상인데, 왜 유독 '생리'에 있어서는 빈부격차를 줄이려 하지 않고 그냥 두는 것일까.

이런 아이가 어디 한 명뿐일까. 그럴 리 없다. 인터넷에 '생리대 살 돈이'로 검색하기만 해도 '생리대 살 돈이 없는데 대용으로 쓸 만한 것이 뭐가 있을까요?'라는 질문들이 우르르 쏟아진다.

아빠는 안 계시고 엄마는 매일 술만 마셔요. 생리대 사달라고 했더니 아르바이트해서 알아서 사라는데 아직 알바를 못 구해서요. 생리대 대신 쓸 수 있는 게 있을까요?

아빠가 생리대 살 돈을 안 줘요. 몰래 돈 꺼내 오려다 지금 잠도 제대로 못 잘 만큼 맞았어요. 생리대를 대신할 게 있을까요?

이런 사연을 읽다 보면 아득해진다. 복지는 선택의 문제고 예산은 유한하기 때문에, 어디까지 지원할지 선을 정할 수밖에 없다. 정말 도움이 필요한데도 그 선 안에 들어가지 못하는 사각지대는 늘 발생한다. 따로 비용을 들여 사각지대에 놓인 대상자를 찾아낸다 하더라도 완벽하게 다 찾아낼 수는 없다. 그러니 어느 정도의 사각지대는 불가피한 것으로 받아들여지곤 한다. 하지만 이런 사연을 듣다 보면 적어도 아이들만큼은, 특히나 '생리'처럼 인간의 존엄성과 맞닿아 있는 문제에 있어서만큼은 단 한 명의 사각지대도 없어야 한다는 생각을 굳히게 된다.

그렇다면 방법은 하나다. 선별이 아닌 보편 지원이다. '재벌가 딸도 지원해야 하느냐. 그 돈으로 어려운 아이를 더 돕는 것이 맞지 않느냐'는 말이 나올 수 있다. 하지만 사각지대에 놓인 아이를 찾아내는 데 들이는 사회적 비용 또한 만만치 않다. 아이들이 감내해야 할 '가난'의 낙인까지 고려하면 더욱 그렇다. 게다가 우리 사회는 이미 비슷한 논의를 한 바 있다. 지금은 누구나 당연한 것으로 받아들이고 있는 무상 급식에서 말이다.

'무상 생리대'는 세계적인 추세다. 시작은 미국 뉴욕이었다. 2016년 6월 21일, 뉴욕시는 모든 공립학교와 무주택자 쉼터 등에 생리 용품을 무료로 보급하는 법을 통과시켰다. "생리 용품은 사치품이 아니라 필수품이다!" 법안에 서명한 빌 더블라지오 뉴욕 시장이 남긴 말이다.

놀라운 것은 법안이 발의되고 거의 6개월 만에, 그것도 만장일치로 통과됐다는 점이다. 법안을 발의한 것은 줄리사 페레라스라는 민주당 소속의 뉴욕시 시의원이었는데, 공화당에서도 누구 하나 반대하지 않았다고 한다. 우리나라에서 비슷한 논의가 있을 때마다 벌어지는 논쟁을 생각해보면 진기한 광경이라고 할 수 있다.

뉴욕을 시작으로, 영국과 뉴질랜드 등 학생들에게 생리 용품을 지원하는 나라들이 잇따랐다. 그중 단연 눈에 띄는 건 스코틀랜드였다.

"스코틀랜드처럼 부유한 지역에서 여성들이 기본적인 위생 용품을 구하지 못해 고군분투하는 건 용납할 수 없다"며 모든 청소년에게 생리대를 무상 지원한 스코틀랜드는 2020년에 급기야 세계 최초로 모든 여성에게 무료로 생리 용품을 지급하는 나라가 됐다. 정말 별일 아니라고, 누구나 화장실에 들어갈 때 화장지가 있을 거라고 예상하듯이 생리 용품도 그렇게 되는 것뿐이라는 비상한 말과 함께.

법안을 발의한 모니카 레넌 의원이 남긴 말도 참 의미심장하다. 그는 "다른 나라들도 우리의 선례를 따르도록, 우리가 영감을 주기를 바란다"라고 말했다.

과연, 우리나라에도 영감을 주었을까. 미국에 뉴욕이 있었다면, 우리나라에는 경기도 여주시가 있었다. 2020년 1월부터 여주시는 국내 최초로 만 11세에서 18세 사이의 모든 청소년에게 생리 용품을 지급하고 있다. 약 3억 6000만 원을 들여 약 2,600명에게 지급하고 있는데(2020년 기준), 지급 금액도 방식도 정부가 저소득층 청소년에게 선별 지급하는 것과 동일하다. 차이는 딱 하나, '가난한 아이'만 받느냐, '모든 아이'가 받느냐다.

선택권을 가진 청소년, 즉 정부의 생리대 지원 대상인 취약계층 청소년에게 정부의 지원과 여주시의 지원 중 어느 쪽을 선택하겠느냐고 물어본 결과, '모든 아이'가 받는 여주시 지원을 선택한 아이가 훨씬 많다고 한다. 그만큼 가난한 아이로 낙인찍히는 게 싫다는 뜻일 것이다. 여주시가 보편 지급을 시작한 뒤, 우리도 여주시처럼 하겠다며 손 드는 지자체가 생겨났다. 이제 우리나라도 청소년이라면 누구나 생리 용품을 지급받는 나라로 나아가는 것일까 싶던 차, 2021년 3월 국회에서 법안 하나가 통과됐다.

청소년복지지원법 개정안인데, 취약계층이 아닌 모든 청소년이 생리대 지원을 받을 수 있는 법적 토대가 되는 법안이었다. 법안이 통과된 뒤, 정부는 만 9세에서 24세 사이 청소년*에게 생리 용품을 보편 지급하겠다고 밝혔다.

하지만 언제나 그렇듯, '하겠다'와 '했다' 사이에는 엄청난 간극이 있다. 문제는 늘 예산이다. 지금처럼 만 11세에서 18세 사이의 저소득층 청소년을 선별 지원했을 때, 대상자는 약 10만 명, 예산은 72억 원이 들어간다.** 하지만 정부가 밝힌 대로 만 9세에서 24세 사이 청소년 모두를 지원하면, 대상자는 약 400만 명으로 늘어난다. 지원 대상이 40배 늘어나는 셈이니, 예산도 그만큼 늘어날 것이다. 예산이 한두 푼 늘어나는 것이 아니기 때문에, 한 번에 모든 청소년에게 생리 용품을 지급하는 것은 현실적으로 어렵다는 게 정부의 입장이다.

• 청소년기본법에서는 청소년을 만 9~24세로 규정하고 있다.
•• 출처 : 여성가족부. 2021년 기준.

정부는 우선 저소득층 청소년에게 선별 지원하는 방식을 유지하며, 지원 연령을 확대하기로 했다. 2022년부터는 만 9세에서 24세 사이 저소득층 청소년이 생리 용품을 지급받는다. 그런데 사실 이 문제는 생리대 지원 사업을 시작할 때부터 지적돼온 것이기도 하다. 초경을 만 11세 이전에 하는 아이들이 많다. 나 역시 그 전에 했다. 나이가 어릴수록 도움은 더 절실할 텐데, 지원 대상에서 아예 제외한 것을 두고 지원 연령을 낮춰야 한다는 지적이 많았다. 그 지적이 이제야 받아들여진 셈이다. 시작부터 찬물을 끼얹을 필요는 없겠으나, 정부가 하겠다는 것과 당장 하고 있는 것 사이의 간극도 작다고 할 수는 없는 상황이다.

정부의 말대로 한 번에 모든 청소년을 지원하는 것이 현실적으로 힘들다면, 우선은 인원이 적은 초등학생부터 시작한다든지, 단계적으로 보편 지급을 해볼 수 있을 것이다. 정부가 적극적으로 추진해나갈 것인지, 아니면 그냥저냥 뭉갤 것인지는 정권의 의지에 달려 있을 테고, 그들의 의지를 끊임없이 묻고 확인하는 것이 앞으로 우리가 해야 할 일이다.

그런데 이렇게 되다 보니, 다른 쪽으로 문제가 조금 생겼다. 여주시처럼 하겠다고 나섰던 지자체 중 정부 발표 이후 뒤로 물러선 곳이 생겨난 거다. 정부가 하겠다고 발표했으니, 정부와 발맞춰 진행하겠다는 식이다. '이쪽은 시간이 좀 걸릴 것 같으니 우리 신경 쓰지 말고 원래 계획대로 진행하라'가 정부의 입장이지만,

어떤 지자체에게는 청소년 생리대 보편 지급을 미룰 좋은 핑곗거리가 생긴 것 같기도 하다.

◆

'원수에게도 생리대는 빌려줄 수 있다'는 말이 있다. 화장실에서 누군가 "혹시 생리대 있으세요?"라고 물으면, 줄 서 있던 여자들 모두 가방을 뒤지는 모습을 볼 수 있다. 하물며 아이들 문제니 두 팔 걷고 나선 이웃이 정말 많았다.

서울 성동구에는 '우리 동네만큼은 생리대로 걱정하는 아이가 없게 만들자'는 신념으로 똘똘 뭉친 엄마들이 있다. 봉사 단체 '마더굿즈'다. 회원은 10대 자녀를 둔 엄마들인데, 학교 화장실에서 생리대 대용으로 쓰인 휴지를 보고 딸에게 물었더니, 생리대를 못 사는 아이들이 여전히 있다는 놀라운 대답이 돌아왔다. 그길로 엄마들은 힘을 모아 아이들을 도와보자며 두 팔을 걷어붙였다.

엄마들은 재봉틀을 돌리고 한 땀 한 땀 바느질을 해 생리대 파우치와 가죽 지갑 등을 만든다. 정성껏 만든 만큼 인기 만점이다. 이렇게 벌어들인 돈에, 한 푼 두 푼 아껴 모은 엄마들의 기부금까지 보태서 유기농 생리대를 사고 있다. 저렴한 생리대를 사서 한 명이라도 더 지원해줄 수도 있었을 텐데 유기농 생리대를 사는 이유가 뭐냐고 묻자 엄마들은 이렇게 답했다.

"엄마 마음이 그렇잖아요. 생리대만큼은 조금 비싸더라도 안전하고 좋은 거 사주고 싶잖아요. 가격 차이가 그렇게 많이 나는 것도 아니고요."

이 말을 들었을 때, 나는 여름이 무섭다고 했던, '지인짜'라는 표현을 즐겨 쓰던 아이의 말을 떠올렸다.

"이름은 잘 모르는데 딱 봐도 좋아 보이는 것들 있잖아요. 그런 거 한번 써보고 싶어요. 그런 건 얼마나 좋은지 늘 궁금했거든요."

여름에 보도한 뒤 그해 겨울에 어머니들을 다시 찾았을 때, 유기농 생리대를 지원받는 아이의 수는 세 배로 늘어나 있었다. 코로나19로 모두가 힘든 시기였는데도 기사를 본 동네 주민들, 가게 사장님들이 '같이 하자'며 손을 보탠 덕분이었다. '작지만 보태고 싶다'고 기부금을 보내온 먼 동네 이웃들도 많았고, '우리 지역에서도 해보고 싶은데 어떻게 시작했느냐'며 노하우를 전수해달라고 한 어머니들도 있었다고 한다.

어디 이분들뿐인가. 동네마다 '생리대 무료 나눔'을 실천하는 이웃들도 많다. 온라인에 글을 올려 생면부지 아이에게 기꺼이 자신의 생리대를 나눠준다. 모두들 '깔창 생리대'가 끝나지 않았다는 것을 알게 된 뒤 가만히 있을 수 없어 나선 것이다.

가만 두고 볼 수만은 없다는 마음이 우리의 마음만은 아니기를 바란다. 결정권을 가진 사람에게도 같은 마음이 깃들어 있기를 혹은 깃들기를 바란다. 2022년엔 그 전보다는 많은 저소득층 청소년을 생리 빈곤에서 건져낼 것으로 보인다. 하지만 이것이 끝이 아니기를, 앞으로의 도약을 위한 작은 몸풀기였기를 바라며, 다 같이 지켜보면 좋겠다. 원수에게도 생리대는 빌려줄 수 있다는 그 마음으로.

편의점에서 만난
아이들

2020년 6월, 만 4~18세 아동과 보호자 등 6,750명을 대상으로 조사한 결과, 하루 세끼를 모두 챙겨 먹는 아동의 비율이 2018년과 비교해 14.2퍼센트포인트 줄어든 35.9퍼센트로 나타났다.●

코로나19는 우리 사회의 가장 약한 고리부터 끊어내기 시작했고, 그 여파는 아이들의 밥상에까지 미치고 있었다. 요즘 같은 시대에도 돈이 없어 밥을 굶는 아이가 있나 싶겠지만, 분명 존재한다. 정부가 가정 형편이 어려워 끼니를 거를 우려가 있다고 판단해 지원하고 있는 '결식우려아동'만 약 31만 명●●이다.

정부는 이런 아이들에게 여러 방식으로 식사를 제공한다. 그중 가장 많이 쓰이는 방법이 '급식카드'다. 굶지 말고 나가서 급식처럼 영양가 있는 한 끼 사 먹으라고 주는 카드인데, 보통 하루 한 끼가 지원되나 아이의 사정에 따라 많게는 두 끼까지도 지원하고 있다. 한 끼당 지원 금액은, 정부 권고는 6,000원 이상(2021년 기준)이지만 실제 지급액은 지자체마다 다르다.

나는 코로나 시대, 우리 아이들은 무엇을 먹고 자라나고 있는지, 배를 곯는 아이는 없는지 점검하기로 하고, 우선 급식카드를

● 출처 : 굿네이버스.
●● 출처 : 보건복지부. 2020년 기준.

쓰고 있는 아이들의 밥상부터 추적했다. 정부가 나서서 밥 먹이겠다고 공언한, 심지어 굶지 말고 사 먹으라고 카드까지 쥐여준 아이들은 어떤 식사를 하고 있을까.

◆

온라인에 급식카드와 관련된 글을 올린 사람들을 찾아 쪽지를 보냈다. 스무 명쯤 보냈을까, 한 어머니에게서 답장이 왔다. 정부의 도움을 받고 있으면서 불평하는 것 같아 조심스럽지만, '편의점' 말고는 쓸 수 있는 곳이 없다는 내용이었다. 급식카드는 가맹점으로 등록된 곳에서만 쓸 수 있는데, 일괄적으로 가맹 계약이 되어 있는 편의점과 달리 일반 식당의 경우 가맹점이 거의 없다는 것이었다. 사실 이 문제는 여러 번 보도된 것이라 어제오늘 일이 아니기도 했다. 나는 여전히 이 문제가 해결되지 않고 있구나 생각하며 쪽지를 읽어나갔다.

어머니는 편의점에서도 어떤 것은 살 수 있는데 어떤 것은 살 수 없는, 그런 복잡한 사정이 있다고 했다. 뭐가 되고 안 되고는 결제를 시도해봐야 알 수 있기 때문에, '안 된다'는 말에 물건을 다시 갖다 놔야 하는 경우도 많고, 그럴 때마다 아이들로서는 창피할 수밖에 없다고 했다.

어떤 상황인지 상상이 갔지만, 아무래도 직접 써봐야 더 잘 이

해할 수 있을 것 같아 어머니에게 급식카드를 한번 빌려줄 수 있겠냐고 부탁했다. 어머니는 고심 끝에, 아이가 학교에 있는 사이에 와주면 좋겠다며 주소를 보내주었다. 주소를 보자마자 바로 어디인지 머릿속에 그려졌다. 내가 학창 시절 살던 동네 근처였다.

초인종을 누르자 뼈마디가 다 보일 정도로 빼빼 마른 중년 여성이 문을 열었다. 걱정과 놀람이 뒤섞인 내 시선을 읽었는지, 어머니는 사정을 들려주었다. 그녀는 이제껏 빌딩 청소를 해가며 홀로 아들을 키워왔지만, 최근 몸무게가 크게 줄 정도로 건강이 급격히 나빠졌다. 한 푼도 벌지 못하는 상황에서 감당하기 어려운 병원비까지 들다 보니, 삼시 세끼 챙겨 먹는 일도 큰 부담이다. 그런 그녀에게 급식카드는 그야말로 단비 같은 도움이지만, 이왕 주는 거 조금 더 아이들이 편리하게 쓸 수 있도록, 더 좋은 음식을 먹을 수 있도록 해주면 좋겠다는 마음이었다. 그녀는 직접 써보면 무슨 말인지 바로 알 거라며, 급식카드를 건네주었다.

'나는 이제 열한 살 아이다. 열한 살 아이.' 급식카드를 받아 들고 아파트를 나서며 되뇌었다. 다 큰 어른에게는 불편하지 않은 것들이 어린아이에게는 불편할 수도 있기 때문에 최대한 아이 입장에서 생각해보려는 것이었다.

아파트를 빠져나오자 바로 오른쪽에 상가 하나가 보였다. 상가 안에는 중국집부터 백반집까지 식당이 여섯 개나 있었다. 나는 그중에서 아이들이 한 끼 식사를 해결하기 좋을 법한 백반집에 들어갔다.

혹시 급식카드를 받느냐고 묻자 "무슨 카드요? 급식카드? 그게 뭐지?"라는 반응이 돌아왔다. 내가 설명하려 하자 "죄송하지만 지금은 바쁜 시간이라 다음에 와주세요"라고 했다. 바로 옆 식당도 그 옆 식당도 모두 같은 반응이었다. 식사를 하던 손님들의 호기심 어린 시선이 느껴져 괜스레 창피해진 나는 상가 밖으로 후다닥 뛰어나왔다.

바로 건너편에 급식카드를 쓸 수 있는 편의점이 보였다. 하지만 나의 목표는 급식카드의 본래 취지대로 '영양가 있는 한 끼'를 사 먹는 것이었기 때문에, 휴대전화를 꺼내 급식카드를 쓸 수 있는 가맹점 식당을 뒤지기 시작했다. 한참을 검색해 찾는 데는 성공했지만, 가장 가까운 곳도 걸어가기에는 꽤나 멀어 보였다.

간판만 봐도 크으 소리가 절로 나는 국밥집, 혼밥도 환영한다는 부대찌개집, 대형 마트 1층에 자리 잡고 있는 푸드코트까지, 가는 길엔 식당이 참 많았다. 이렇게 수많은 식당이 있는데, 찬바람에 새빨개진 귀를 비비며 그저 스쳐 지나가야만 한다니 조금은 서글픈 마음마저 들었다.

그래서 20여 분 만에 저 멀리 내가 가려던 식당이 보였을 때, 나도 모르게 새된 목소리로 "저기 있다!" 하고 외쳐버렸다. 종종걸음으로 문을 활짝 열고 들어가니 '딸랑' 내 마음처럼 경쾌한 종소리가 들려왔다.

하지만 나는 곧 풀이 죽고 말았다. 문을 열자마자 보인 메뉴판 때문이었다. 아이가 쓰는 급식카드는 한 끼당 6,000원이 지원되는데, 여기서 6,000원으로 사 먹을 수 있는 건 흰죽뿐이었다. 물가를 생각해보면, 어떤 식당을 가도 6,000원으로 사 먹을 수 있는 건 별로 없었을 거다. 내일 쓸 돈을 당겨서 더 비싼 걸 사 먹을 수도 있지만, 그렇게 쓰다가는 월말에 쫄쫄 굶어야 할 테니 나는 그냥 뒤돌아 나와버렸다.

다시 아파트로 돌아가는 길, 칼바람에 뒤집어쓴 패딩 모자가 몇 번이고 벗겨졌다. 속에서 뭔가가 울컥 치밀었다. 이렇게 매서운 바람을 뚫고 20분 넘게 걸어도 살 수 있는 건 고작 흰죽뿐이라는 사실이, 그래서 결국 후퇴해 편의점을 선택했다는 사실이 속상하고 짜증스러웠던 것이다.

돌고 돌아 결국 아파트 단지 내 편의점에 섰다. 뭘 먹을지 고심하다 삼각김밥과 컵라면, 이온 음료를 집어 들었다. 급식카드는 결제 전 미리 말해야 한다고 해서 "급식카드예요"라고 점원에게 말했는데, 말하고 나니 어쩐지 조금 눈치가 보였다. 다행히 점원은 친절해 보였다.

그런데 또 문제가 생겼다. 내가 고른 이온 음료가 급식카드로는 결제되지 않는다는 거다. 급식카드는 아이들이 쓰는 것이기 때문에 담배, 술, 카페인 음료 등은 살 수 없도록 막아두었다. 하지만 이온 음료는 당연히 살 수 있는 품목이었기 때문에 나는 당황했다. "다른 걸로 바꾸실 거예요?"라는 점원 말에, 바로 옆 진열대에 있던 초코 우유 하나를 잽싸게 가져왔다. 그런데 이 초코 우유도 급식카드로는 결제가 안 된다는 것 아닌가. 나는 이해가 되질 않았다.

"이것도 안 되는데요. 왜냐고요? 이유는 저희도 알 수 없는데, 그냥 찍어서 안 되면 안 되는 거거든요. 이거 그냥 빼드려요? 자꾸 이러시면 곤란해요. 다른 손님들도 계시잖아요."

급기야 친절했던 직원이 짜증을 냈다. 돌아보니 어느새 내 뒤로 줄이 늘어서 있었다. 무표정한 얼굴들은 '뭐 하는 거야. 빨리빨리 계산하고 나가지 않고.' 말하는 것만 같았다. 그 얼굴들에 압도돼 다시 앞을 돌아봤을 때 편의점 계산대는 한 뼘 자라나 있었다. 내가 정말 열한 살 꼬맹이라도 된 것처럼.

하지만 진짜 열한 살이 아닌 나에게는 신용카드라는 것이 있었고, 나는 그만 내 카드를 꺼내고 말았다. 그리고 후다닥 빠져나오는데 편의점 문에 달린 종이 '딸랑' 눈치도 없이 경쾌한 소리를 냈다. 오만 눈치를 다 보고 있는 건지, 오늘따라 종소리가 선명히 들려왔다.

'난 이제 열한 살 아이'라고 되뇐 것이 멋쩍을 정도로, 서른 살 이른이 씨도 불편했고, 창피했고, 당황스러웠다. 그리고 무엇보다 서러웠다. 아이들도 나와 비슷한 마음이지 않을까. 어려서 잘 모르려나. 그렇다면 차라리 다행인데, 그럴 것 같지 않았다. 아이들을 만나 이야기를 들어봐야 했다.

수도권 편의점에 무작위로 전화를 돌려 급식카드를 쓰러 오는 아이가 있는지, 있다면 몇 명이나 되는지 묻고, 꽤 많다고 한 곳들을 찾아가 무작정 기다렸다. 그렇게 나는 편의점에서 급식카드를 쓰는 열 명의 아이들과 그 부모들을 만날 수 있었다.

뭘 먹을지 한참을 고민한 나와 달리, 아홉 살 A의 손은 거침이 없었다. 대충 배나 채우겠다는 마음인지, 아니면 애초에 살 수 있는 것이 한정돼 있어 그러는 건지, A를 비롯해 내가 만난 아이들 모두 '자, 뭘 먹어볼까' 하는, 으레 음식 앞에서 보이는 기대 섞인 반응이 전혀 없었다. 또래보다 왜소한 몸집의 A는 손에 크림빵을 쥔 채 이렇게 말했다.

"빵 아니면 라면, 가끔 도시락. 이렇게 돌려 먹어요. 만날 똑같은 것만 먹으니 지겹죠. 그냥 안 먹는 게 낫겠다는 생각이 좀 들어요. 먹어봤자 입맛에 맞지도 않는 거, 굳이 꼭 먹고 싶다는 생각이 안 들어요."

편의점 음식만 먹는 게 영양학적으로 어떠한지는 둘째 치고, 매일매일 이것만 먹으라고 하면 나라도 신물이 날 것 같았다. 무엇을 먹고 싶으냐고 묻자 A는 김치찌개를 이야기했다. 김치찌개를 파는 식당은 편의점 바로 앞에도 있었다. 하지만 급식카드를 쓸 수 있는 가맹점이 아니었다. A는 이 근방에 편의점 말고 급식카드를 쓸 수 있는 식당은 없다고 했다. 식당이 있다 하더라도 예산이 빠듯해 못 갔을 거라는 말과 함께.

"한 끼에 6,000원이거든요. 당겨쓰면 1만 5,000원까지도 쓸 수 있는데 그러다 보면 한 달 예산을 넘겨버려서 쫄쫄 굶어야 해요. 그러니까 편의점만 가죠. 일주일에 일곱 번. 불쌍하죠."

아이는 스스로를 불쌍하게 여기고 있었다. 이제 막 구구단을 뗄 나이에 한도가 어떻고 예산이 어떻고 어려운 단어를 늘어놓으며 하루에 얼마를 쓸 수 있는지 막힘없이 술술 말하게 된 자신의 삶이 고단하고 버거운 것 같았다.

급식카드 사용 3년 차인 열두 살 B 역시 편의점에서만 급식카드를 쓰고 있었다. 그간 산전수전 다 겪은 건지, B는 급식카드에 대해 빠삭했다. 내가 편의점에서 이온 음료와 초코 우유를 살 수 없던 이유까지 다 알고 있었다.

"이온 음료가 안 됐다고요? 이온 음료는 다 되는데. 혹시 게××× ×나 포×××××× 말고 새로 나온 이온 음료 고른 거 아니에요? 새로 나온 건 가끔 그래요. 이게 무슨 품목인지 시스템에 등록이 안 되는 거 같아요. 시간 좀 지나고 사면 또 돼요. 그리고 초코 우유는 혹시 캔에 든 초××× 아녜요? 그게 팩에 든 건 되는데 캔에 든 건 안 되는 데가 많아요."

B의 말이 다 맞았다. 새로 나온 이온 음료였고, 캔에 든 초코 우유였다. 공무원도 '글쎄요' 했던 문제들까지 전부 꿰고 있던 B 덕분에 궁금증이 싹 풀렸다. 하지만 시원한 마음도 잠시, 이렇게 모

든 걸 알기까지 B는 몇 번의 창피를 당했을까 하는 생각이 들었다. B는 자신도 처음에 창피한 일이 아주 많았다고 털어놓았다.

"되는 줄 알고 했는데 안 되면 진짜 부끄럽잖아요. 그래서 지금도 아주 새로운 건 잘 시도 안 하는 편이에요."

3평 남짓밖에 안 되는 편의점 안에 참으로 많은 고뇌가 서려 있었다.

편의점에서 급식카드를 쓰는 아이들을 기다리다 보니 자연스럽게 알게 된 사실이 있다. 계산대에서 "2+1 행사 상품입니다" 소리가 들리는데, 그곳에 컵라면을 든 어린아이가 있다면 높은 확률로 급식카드를 사용하는 경우였다. 그만큼 급식카드로 2+1 컵라면을 많이 사 먹고 있다는 뜻이었다.

회색 롱패딩을 세트로 입은 열 살 C와 열두 살 D. 이들 형제 역시 편의점에 들어서자마자 2+1 컵라면으로 향했다. 라면을 끓여 먹으면 냄비를 씻어야 해서 컵라면을 애용한다고 했다. 형제는 오늘 아침으로도 손에 들고 있는 것과 똑같은 컵라면을 먹었는데, 정말이지 제한을 풀어줘 다양한 음식을 사 먹을 수 있으면 좋겠다고 말했다. 지금으로서는 다른 편의점을 훑어보는 것 말고는 형제가 할 수 있는 일이 없었다.

"새로 생긴 편의점 있으면 꼭 들어가봐요. 편의점마다 들여오는 게 다르거든요. 같은 편의점도 시간 지나면 좀 달라지고요. 이 동네에선 아직까지 이 편의점이 제일 좋아요. 크기도 크고 종류도 제일 많고."

이 말을 듣자 우리 회사 앞에 나란히 들어선 편의점 세 개가 생각났다. 왜 똑같은 편의점이 세 개나 쪼르르 몰려 있지 늘 궁금했는데, 아이들의 눈에는 다 같은 편의점이 아니겠다는 생각이 들었다. 한 곳은 자기가 좋아하는 컵라면이 2+1 행사 중인 곳, 한 곳은 크기는 아담하지만 급식카드로 살 수 있는 음식 종류가 많은 곳, 또 다른 곳은 제일 넓어 먹고 갈 때 눈치가 덜 보이는 곳, 이런 식으로 모두 다르게 보이지 않았을까.

◆

"가맹점이 늘어나서 급식카드로 사 먹을 수 있는 게 많아졌으면 좋겠어요."

내가 만난 아이들은 하나같이 이렇게 말했다. 나는 화가 났다. 이왕 주는 거 왜 이렇게밖에 못 주는 건가, 이럴 거면 왜 주는 건가 싶었다.

아이들을 만나며 취재해보니 급식카드의 문제점은 크게 두 가지였다. 하나는 급식카드를 쓸 수 있는 식당이 없어 대부분 편의점에서만 쓰고 있다는 것이었고, 또 하나는 한 끼당 지원 금액이 물가에 비해 너무 적다는 것이었다. 후자는 예산이 들어가는 문제기 때문에 당장 바꾸기 어렵다 해도, 전자는 의지를 갖고 조금만 신경 써주면 금방 해결될 문제로 보였다.

가맹점을 늘리는 게 그리 어려워 보이지 않았기 때문이다. 급식카드로 결제하면 식당 사장님이 수수료를 더 떼이는 것도 아니었다. 오히려 급식카드를 쓰는 아이들은 매일매일 카드를 쓰러 오니 '고정 손님'이 생겨 사장님 입장에서도 좋으면 좋았지 싫을 일은 없어 보였다.

나는 우선 급식카드를 쓸 수 있는 식당이 지역마다 몇 개나 되는지 파악해보았다. 급식카드 사업은 여느 복지사업과 마찬가지로 '지방이양사업'이다. 과거 중앙정부가 키를 잡고 운영하다 지방정부에 넘긴 사업인 것이다. 이렇게 한 이유는 각 지역 특성에 따라 '맞춤형 복지'를 하기 위해서였다. 예를 들어 수도권처럼 식당이 많은 지역의 경우 급식카드가 효율적일 수 있지만, 식당 수가 적은 농어촌 지역은 급식카드보다는 도시락 배달 등이 적합한 방법일 수 있다. 그러니 전국 모든 지역이 일률적으로 급식카드라는 한 가지 방법을 선택하는 것보단, 각 지역의 상황에 맞는 방법을 선택하는 것이 아이들을 위하는 최선의 길일 것이다. 분명 지방이양사업으로 돌린 건 이런 이유에서였다. 하지만 현실은 '맞춤형 복지'보다는 '어디 사느냐에 따라 천차만별 달라지는 복지'에 가까웠다. 이 문제는 비단 급식카드뿐만이 아니라 후에 나오는 보호종료아동, 위탁가정 등의 정책에서도 되풀이된다.

이런 연유로 같은 서울 안에서도 구에 따라 가맹 식당 수가 확연히 달라졌다. 2021년 2월 기준, 종로구는 40여 개에 그친 반면, 동대문구는 700여 개나 됐다. 이렇게 차이가 나는 이유가 무엇인지 동대문구에 물어보니, 비결은 '홍보'였다. 급식카드 쓰는 아이들에게 평소 가고 싶던 식당을 적어 내라고 한 뒤, 그 식당들을 직접 찾아가 가맹점 가입을 시킨 것이다.

가맹점 식당을 방문해 급식카드 손님을 받으니 어떠냐고 묻자 '대만족'이라는 답이 돌아왔다. 코로나 때문에 손님이 줄었는데 단골이 생겨 매출에 도움이 된다는 것이었다. 나쁜 점은 없었느냐는 내 질문에는 좋은 점만 있다며 아이들이 잘 먹는 모습만 봐도 기분이 좋지 않겠느냐고 되물었다. 다들 몰라서 그렇지 알면 가맹점이 되지 않을 이유가 없다고도 했다.

동대문구에 아이들 반응은 어떠냐고 묻자, 만족도가 아주 높다고 했다. 이렇게 가맹 식당을 늘리자 동대문구 아이들이 이용한 편의점 수가 다섯 달 만에 절반으로 훅 줄어들었다고 한다. 동대문구가 할 수 있었다면 다른 구도 할 수 있었을 텐데 왜 하지 않은 걸까. 물어보니 역시 의지의 차이였다. '우리 구는 급식카드 쓰는 아이가 그리 많지 않아요.', '우리 구는 오피스 지역이라 6,000원으로 시 먹을 만한 식당 자체가 많지 않아요.'라는 답들이 돌아왔다.

하나같이 무심한 말이었다. 6,000원으로 사 먹을 식당이 별로 없다면 예산을 늘리는 것을 검토해야 하는 것이 아닌가. 한 구에 급식카드 쓰는 아이가 수천 명씩 되는 것도 아니고, 적게는 100명도 채 안 되는 만큼, 1,000원이라도 예산을 올려주는 것이 아주 무리라고는 생각되지 않았다. 또 급식카드 쓰는 아이가 그리 많지 않다면 오히려 잘된 일 아닌가. 아이 집 근처의 식당 몇 개만 핀셋 가입 시켜주는 일이 훨씬 쉬워질 테니 말이다.

나는 전화를 끊고, 아이들 집 주소만 알려주면 나라도 근처 식당들을 돌며 가입 신청을 받아다 주고 싶다는 생각을 했다. 그러다 까짓것 한번 해보자는 마음이 들었다.

내가 만났던 아이들이 사는 동네, 가맹점 수가 턱없이 부족한 동네를 찾아 아이들이 이용하면 좋을 만한 한식당을 위주로 돌아다녔다. 급식카드가 무엇인지, 가맹점이 된다는 것이 무슨 의미인지 설명하니 "그런 게 있었느냐, 몰랐다"며 많은 사장님들이 흔쾌히 가입해주었다. 나는 공무원이 아니라 사장님들이 직접 주민센터로 가서 신청을 해주어야 했는데, 모두들 장사하느라 바쁜 와중에도 그 번거로움을 기꺼이 감수했다.

그 와중에 "우리가 홍보를 안 해서 가맹 식당이 적다고 기사 나가는 거 아니죠?"라고 묻는 주민센터 공무원도 있었지만, "우리 식당에서 제일 싼 메뉴는 8,000원짜리인데, 아무래도 6,000원짜리 메뉴를 개발해야겠어요. 아이들이 부담돼 안 올 수도 있으니까요", "다른 식당 사장님들한테도 신청하라고 홍보 많이 할게요" 하고 말해주는 사장님들이 있어 다행이었다.

그리고 그 무렵, 경기도가 처음으로 카드사와 협의해 술집 등을 제외한 도내 모든 일반음식점에서 급식카드를 쓸 수 있도록 했다. 그러면서 경기도 내 가맹점은 1만 1500여 개에서 15만 4000여 개로 13배가량 늘어났다. 아이들의 밥상은 어떻게 바뀌었을까. 나는 경기도에 사는 어린 자매를 만나봤다.

아이들은 그 전에는 좋아하지도 않는 삼각김밥을 사 먹곤 했지만, 이제는 자유롭게 메뉴를 고른다고 말했다. 이날 아이들이 고른 점심 메뉴는 돌솥비빔밥과 부대찌개였다. 비록 한 끼 지원 금액은 6,000원(2021년 기준) 그대로여서 자기 돈을 보태야 했지만, 편의점만 가는 것보다는 이게 낫다고 했다. 물론 돈을 보탤 여유가 없는 아이도 있겠지만, 아이들에게 더 많은 선택권을 주는 것이 더 나은 방향임은 분명해 보였다. 지원 금액을 늘려나가는 것도 뒤따라야겠지만 말이다.

서울시 등에 경기도처럼 할 계획이 있는지 물었다. '살펴보고 있다'는 답이 돌아왔다. 경기도만이 유일한 정답이라고는 생각하지 않는다. 지역마다 특성에 맞게 각자의 답을 찾아낼 수 있다. 다만, 어디에 사느냐에 따라 누구는 돌솥비빔밥을, 누구는 2+1 컵라면을 먹는 것은 하루빨리 시정돼야 하는 문제다.

그다음으로 개선해야 할 부분은 한 끼당 지원 금액을 늘리는 것이었다. 내가 취재한 수도권은 대부분 정부 권고내로 한 끼에 6,000원을 지원했는데, 다들 알다시피 요즘 6,000원짜리 메뉴가 별로 없다.

물론 6,000원 넘게 주는 곳도 9곳 있었다. 가장 많게는 서울 서초구가 9,000원을 주고 있었다. 하지만 문제는 6,000원도 안 주는 곳이 131곳이나 된다는 것이었다. 열에 여섯은 6,000원도 안 주는 셈인데, 가장 적게는 고작 4,000원을 지원하는 곳도 있었다.●

정부의 권고를 지키지 않는 지역이 이렇게나 많지만, 정부는 사실상 손을 놓고 있었다. 앞서 설명한 대로 지방정부로 키가 넘어가며 지방비가 투입되고 있기 때문에, 왜 6,000원도 안 주느냐고 강제할 여지는 별로 없다는 게 정부의 해명이었다. 한 정부 관계자는 "예산이라도 주면서 올려주라 마라 하라는 분위기가 있다"고 상황을 설명했다.

유독 지원 액수가 적은 지역들에 이유를 물어봤다. 그 과정에서 '공무원이 잘해보려 하고 있는데 나쁜 보도가 나가면 되겠느냐'는 취지의 대답도 튀어나왔다. 말이 헛나간 것이겠지만 지자체마다 아이들의 끼니를 대하는 온도 차가 굉장히 크다는 것을 실감했다.

어떤 아이도 부모를 선택해 태어나지 않기 때문에 국가가 재정을 투입해 어느 정도 출발선을 맞춰주어야 한다고 생각한다. 모든 출발선을 동등하게 조정해줄 순 없겠지만, 배고픈 아이가 없

● 출처 : 보건복지부. 2021년 기준.

게끔 보살피는 것은 나라가 해야 할 기본 중의 기본이다. 그런데 이런 중요한 문제가 단순히 '어디 사느냐'에 따라 달라져도 되는 걸까.

◆

아이들 밥, 나라가 안 준다면 나라도 주겠다고 나선 사장님들이 있었다. 시작은 2019년 홍대의 한 파스타집이었다. 착한파스타 오인태 사장님은 급식카드를 접하고 가맹점 신청을 하려다 한 끼당 지원되는 액수가 너무 적다는 것을 알게 됐다. 그 뒤로 가맹점 신청을 접고, 급식카드를 쓰는 아이들에게는 돈을 받지 않고 파스타를 내어주기 시작했다. 100명이 오면 100명 모두에게 웃으며 파스타를 주는데 조건은 단 하나, '쭈뼛쭈뼛 눈치 보지 않기'다.

막 시작했을 때는 저녁 8시, 늦은 시간에도 어린아이들이 찾아왔다. 초등학교 3학년 정도로 보이는 아이가 동생들 손을 잡고 들어오기에 물어보니 두 시간이나 걸려 왔다고 했다. 고작 파스타 한 그릇 때문에 먼 길을 오게 한 것 같아 마음이 아팠지만, 얼마 지나지 않아 다행히도 멀리서 찾아오는 꼬마 손님은 줄어들었다. '나도 아이들 밥 먹이겠다'며 동참하는 사장님이 곳곳에서 나타난 거다. '선한영향력가게'라는 이름으로 뭉친 사장님은 전국에 700명, 업종도 식당에서 안경점, 서점 등으로 다양해졌다.

이제까지 몇 명 정도 찾아왔는지 묻자, 사장님은 "그건 말할 수 없다"고 했다. 예전에 한 인터뷰에서 이제껏 몇 명이나 왔었는지 밝혔더니, 사장님 주머니 사정이 걱정됐는지 아이들이 발길을 뚝 끊었다는 것이다.

코로나19로 매출에 타격이 있었을 텐데, 그 이야기도 별로 꺼내지 않았다. 아무리 매출이 줄었어도 아이들 밥 먹일 정도는 된다는 것이었다. 그리고 그건 다른 사장님들도 마찬가지였다. 코로나로 폐업하면 폐업했지, 장사가 안돼서 탈퇴해야겠다고 한 사장님은 단 한 명도 없었다.

실제 내가 만난 사장님들 모두 되레 아이들을 걱정했다. 코로나19 때문에 가뜩이나 힘들 텐데 방송 보고 많이들 편한 마음으로 찾아주면 좋겠다고 말했다. 코로나로 곡소리 난다는 자영업자들이 아이들 밥을 먹이고 있다니, 주객이 전도돼도 한참 전도된 셈이었다.

결식아동 3주 연속보도 마지막 시간에 '아이들이 더 많이 알고 찾아와주면 좋겠다'는 선한영향력가게 사장님들을 대표해 오인태 사장님을 스튜디오로 모셨다. 통상 정치인과 같이 방송에 익숙하고, 또 시청자에게 잘 알려진 사람들이 스튜디오에 나온다는 걸 감안하면 실험적이었지만, 그 실험은 성공적이었다.

출연이 끝나자 인이어로 "선한영향력가게 홈페이지 다운됐대요!"라는 말이 들려왔다. 뉴스가 끝난 뒤 홈페이지를 열어보니 그

때까지도 먹통이었다. 단 며칠 만에 수백 명의 사장님이 '나도 동참하고 싶다'고 신청서를 보내왔다. 전혀 예상치 못한 폭발적인 반응이었다. 나는 이렇게 힘든 시기에 아이들을 돕겠다고 나선 이유가 무엇인지, 그 한 사람 한 사람의 마음을 듣고 싶었다.

한 초등학교 앞에서 작은 카페를 하는 김연수 사장님은 우연히 오인태 사장님의 출연 영상을 본 뒤, 내가 쓴 기사를 하나하나 찾아봤다고 했다.

"기사 보고 우리 동네에도 애들 많이 사는데 급식카드 쓸 수 있는 식당이 어디 있나 찾아봤거든요? 근데 없더라고요. 저 멀리까지 가야 돼요. 그래서 제가 이 근방 사장님들한테 우리 다 같이 신청하자고 했어요. 여기 다 식당이거든요. 우리가 다 신청하면 '급식카드촌'처럼 돼서 애들이 그날그날 먹고 싶은 곳 들어가서 먹을 수 있지 않을까 해요. 푸드코트 가듯이요."

칼바람을 뚫고 급식카드를 쓸 수 있는 식당을 찾아 헤맸던 날이 떠올랐다. 카페 창 너머로 보이는 저 초등학교 아이들은 이제 덜 서럽겠구나 싶었다. 꽃집을 운영하는 황운설 사장님도 동참하겠다고 손을 들었는데, 이유를 물어보니 안 그래도 5월마다 마음이 불편했단다.

"어버이날 카네이션 사러 오는 애들이 되게 많거든요. 그런데 보면, 한 송이를 사면서도 가격이 부담돼 '이거 얼마예요, 저건 얼마예요' 묻는 애들이 많아요. 그러다 결국 못 사고 돌아가는 모습을 많이 봐서, 이젠 눈치 보지 않고 이모네 와서 꽃 한 송이 받아가면 좋겠어요. 기사 보니까 꼭 음식에 국한되지 않고 다양한 업종의 사장님들이 많이 참여하시더라고요."

나는 아이템에 따라 어떤 스토리텔링 방식이 변화를 이끌어내는 데 가장 효과적일까 나름 고민하며 기사를 작성해왔다. 이번 결식아동 기사에서는 책임 있는 사람들을 부끄럽게 만들어 그들이 하루빨리 개선안을 내놓도록 만드는 것이 그 방향이었다.

잘 못하고 있는 지자체를 비판만 하는 것이 아니라, 잘하고 있는 지자체에 박수를 보내며 아주 대단한 예산이나 인력이 필요한 일이 아니라 '의지'만 있으면 되는 문제라는 걸 보여주고, 기자인 내가 몇 시간 슬쩍 돌아도 편의점만 가야 하는 아이들의 삶을 바꿀 수 있다는 걸 보여준 건 그런 이유에서였다. 그리고 여기에 '나라가 안 주면 나라도 주겠다'는 사장님들의 이야기는 화룡점정이 돼주었다.

'아이들 밥, 나도 같이 먹이겠다'고 새로 손 든 사장님들의 이야기까지, 4주간의 보도가 끝나자 당시 주말 뉴스를 총괄하던 박성태 선배가 나를 찾았다. 이 문제를 좀 더 보도하자는 것이었다. 나는 이미 지적할 문제는 다 지적했기 때문에 새로 보도할 내용이 없다고 생각해 회의적으로 답했다. 하지만 박 선배 생각은 달랐다.

"앞선 보도와 조금 겹치는 부분이 있어도 상관없어. 중요한 얘기는 좀 더 반복해서 말해도 되는 거야. 우리 보도로 한 명의 아이라도 제대로 먹을 수 있게 되면 그것만큼 의미 있는 일도 없지 않을까? 너는 뉴스 진행하느라 수도권만 돌았잖아. 전국으로 확대해서 돌아보는 거 어떨까?"

근래 들은 말 중 가장 낭만적인 말이었다. 그렇게 우리 주말취재팀의 정종문, 서준석, 여도현, 유요한 기자는 석 달 동안 전국 구석구석을 돌며 아이들의 밥상을 살폈고, 아이들 밥을 제대로 먹이려 노력하는 사람들을 만났다.

우리의 보도가 이어지는 사이, 변화가 생겼다. 우선 서울시의 급식카드 가맹점이 대폭 늘었다. 경기도처럼 카드사와 손잡고 술집 등을 제외한 서울 시내 모든 일반음식점에서 급식카드를 쓸 수 있도록 한 것이다. 이제 더 이상 어느 편의점에 새로운 음식이 그나마 많은지 찾기 위해 편의점을 훑고 다니는 아이는 없을 것이다.

한 끼당 지급되는 액수를 늘리려는 움직임도 이어졌다. 가장 적게 4,000원만 주던 지역도 6,000원으로 올렸다. 권익위원회에서는 전국 모든 지자체에 한 끼당 지원 금액을 중앙정부가 권고하는 수준까지 올리라고 다시 한번 발표했다. 청와대에서 우리 기사를 보고 문제를 파악해보라고 한 것이란 이야기도 들려왔다.

그리고 무엇보다 '우리 가게로 오라'며 아이들의 이모, 삼촌을 자처해준 사장님이 약 2,700명까지 늘어났다. 나라가 나서지 않으면 나라도 나서겠다는 분들이 이렇게나 많았기 때문에, 정부도 서둘러 개선 움직임을 보인 거라고 생각한다. 앞으로 가야 할 길이 멀지만, 그래도 결식우려아동 31만 명의 밥상에 조금씩 변화가 찾아오고 있다는 건 환영할 만한 일이었다.

하지만 그럴수록 도움이 절실한데도 31만 명에 들지 못한 사각지대 아이들을 떠올리지 않을 수 없었다. 정부의 지원 기준을 아슬아슬하게 벗어나 급식카드를 받지 못한 아이들 중에도 끼니를 거르고 있는 아이들이 있었다.

아이라면 누구나,
특별한 푸드트럭

"월소득 200만 원 이하인 가정부터 정부 지원을 받는다고 쳐요. 그럼 월 201만 원 버는 집 아이는요? 도움이 필요하지 않다고 말할 수 있나요? 제가 보니까요, 엄마가 혼자 벌어도 두 식구인 경우엔 정부 지원 대상에 거의 못 들어가더라고요. 열심히 살려고 아등바등하다가 지원 대상에서 벗어나는 경우도 생기는 거예요."

성큼 겨울이 찾아온 11월의 어느 날, 경기도의 한 작은 주점에서 사단법인 헝겊원숭이 운동본부 김보민 대표가 말했다. 그렇다고 해서 정부가 모든 걸 책임져야 한다는 것은 아니었다. 오히려 현실적으로 그러기 어려울 테니 좋은 이웃, 좋은 어른이 필요하다는 말이었다.

헝겊원숭이는 그런 동네 어른들이 모인 곳이었다. 좋은 이웃, 좋은 어른이 되어주려는 어른들 말이다. '우리 동네 아이들은 우리 동네 어른들이 책임진다!'가 이곳 어른들의 모토였다. 동네 주점은 영업을 하지 않는 낮 시간 동안 주방을 내어주고, 그 주방에서 동네 어른들은 아이들 먹일 밥을 만든다. 밥이 다 되면 또 다른 어른들이 푸드트럭에 싣고 공원으로 가서 아이들을 배불리 먹인다. 이 푸드트럭에서만큼은 아이라면 누구나, 자신이 얼마나 가난한지 증명할 필요 없이 따뜻한 밥 한 끼를 먹을 수 있다.

내가 찾아간 날도, 주점 주방에는 동네 어른들이 모여 아이들 먹일 밥을 만들고 있었다. 두 아들을 키우는 엄마, 코로나로 강의가 줄어든 우쿨렐레 강사 등 자칭 '동네 아줌마' 세 명이 무려 50인분을 만들고 있었는데, 눈코 뜰 새 없이 바빠 나까지 앞치마를 두르고 일손을 도와야 했다. 메뉴는 닭고기 스테이크, 고구마 샐러드, 버섯볶음 등이었는데, 버섯 사이사이 아이들이 싫어하는 당근을 잘 숨기는 것이 나의 임무였다.

"아, 식으면 안 되는데"라는 주방 어른들의 혼잣말이 메아리처럼 몇 번이나 반복됐을까. 도시락 50개가 완성됐다. 원래는 따뜻하게 먹일 수 있도록 배식을 해왔지만, 코로나가 심해지면서 도시락으로 바꿨다. 도시락이 완성되자 또 다른 동네 어른들이 나타나 주방 어른들과 배턴 터치를 했다. 이제 정성껏 만든 도시락을 푸드트럭에 싣고 공원으로 갈 차례다. 푸드트럭은 저 멀리서도 한눈에 띌 법한 귀여운 핑크색이었다.

핑크 푸드트럭이 공원에 도착하자 아이들이 와아, 함성을 지르며 몰려왔다. 오래 기다린 건지 고사리손이 새빨갛게 얼어 있었다. 이번에는 동네 언니, 오빠들 차례. 찬바람을 막아줄 천막을 치고 식탁을 펴고 예쁜 알전구까지 설치하며 아이들 밥 먹일 공간을 뚝딱뚝딱 만들어냈다.

이곳에서 아이들은 그저 밥만 먹는 것이 아니라 친구들과 뛰놀 수도 있었다. 이른들은 아이들에게 담요와 핫팩을 나눠주고 "욕 쓰기 없기! 뻐큐 그리기 없기!" 신신당부를 하며 바닥에 그림을 그릴 수 있는 크레파스도 쥐여줬다(우리 때나 지금이나 아이들 하는 행동은 비슷한가 보다).

나는 슈퍼맨 망토처럼 담요를 휘감고, 핫팩을 손에 꼭 쥔 채 바닥에 그림을 그리는 아이들에게 다가갔다. 저마다 어떤 사연으로 이곳에 오게 됐는지, 아이들에게 푸드트럭은 어떤 의미인지 궁금했다.

"엄마가 돌아가셨거든요."

초등학교 2학년 A가 말했다. 쪼그려 앉아 바닥에 그림을 그리고 있는 A의 소매는 팔목이 다 보일 정도로 껑충 짧아져 있었다. "좀 힘들어요." 그러면서 아이는 자신의 사정을 털어놓았다. A는 어머니를 여의고 아버지, 오빠와 살고 있다. 아버지는 일하느라 아침 일찍 나갔다가 밤늦게야 들어온다. 예전엔 할머니가 찾아와 챙겨주었지만, 지금은 할머니도 병원에 누워 계신다. 하나뿐인 오빠는 지적장애를 앓고 있다. 오빠에게 보살핌을 받기는커녕 오히려 오빠를 보살펴줘야 하는 것이다. 그러다 보니 두 남매의 밥상을 차리는 것 역시 오롯이 A의 몫이 되었다. 아이가 차린 밥상에는 김이 자주 오른다. 아버지가 반찬을 사다 놓을 때도 있지만 뚝 떨어지는 날도 있다. 그럴 때는 김이 유일한 반찬이다. 혹시 지역아동센터에 다니거나 '급식카드'는 없느냐고 물어보니 그런 건 없다고 했다. 아버지가 꼭두새벽부터 나가 하루 종일 일을 한다더니, 정부 지원 대상이 될 수 있는 소득 기준을 넘긴 모양이다.

A와 비슷한 사연이 이어졌다.

"저는 여기서 첫 끼를 먹은 적도 있어요. 집에 밥도 없고 라면도 다 떨어져서요."

"아빠랑 단둘이 사는데 아빠가 공사 일을 하셔서 전국을 돌아다니시거든요. 일주일 넘게 혼자 있을 때도 있어서 그럴 때 여기 오면 좋죠."

"저도 얘랑 비슷해요. 한번은 혼자 있을 때 냉장고에서 국수를 꺼내 먹었는데 그게 상했던 거예요. 냉장고에 둬도 상하는지 몰랐거든요. 그래서 배탈이 심하게 났어요."

'아이라면 누구나!'라는 푸드트럭의 모토에 맞게, 푸드트럭 어른들은 아이들 한 명 한 명의 가정형편을 묻지도 따지지도 않았다. 나 또한 아이들의 가정형편을 꼬치꼬치 캐묻지 않았다. 정말 형편이 어려운 아이도 있었을 것이고, 그저 친구를 따라온 아이도 있었을 것이다. 그렇지만 사각지대에 놓인 '배고픈 아이들'이 존재한다는 것, 아이라면 누구나 아무 조건 없이 따뜻한 밥 한 끼 먹고 갈 수 있는 이런 장소가 필요하다는 것만은 분명해 보였다.

천막 위 주렁주렁 설치한 알전구가 반짝하고 켜지자 아이들이 다시 한번 와아, 소리를 질렀다. 불이 켜지면 식사 시간이라는 뜻이란다. 코로나 시대답게 줄을 서서 출입 명부를 작성하고 열을 잰 뒤 차례로 도시락을 받아 갔다. 아속하게도 도시락은 차게 식어 있었지만 아이들은 "친구들이랑 먹으면 따뜻해요"라며 말간 얼굴로 맛있게 먹어주었다.

식사가 끝나갈 무렵, 키다리 아저씨로 불리는 동네 아저씨가 핫초코를 들고 천막 안으로 들어왔다.
"VIP 고객님들, 오늘 식사는 어떠셨습니까?" 고급 레스토랑 지배인 같은 멋진 태도, 정중한 말투였다. 내가 '웬 VIP?' 하며 눈을 동그랗게 뜨고 쳐다보자 키다리 아저씨는 "우리는 애들을 다 VIP라고 불러요. 눈치 보지 말고 VIP 손님처럼 행동하라고요" 하고 속닥속닥 알려줬다. 이 따뜻한 밥이 어른들의 '호의'가 아닌 아이들이 마땅히 누려야 할 '권리'라는 걸 알려주기 위해서였다.
"맛있는데 채소가 좀 많네요!"
"맞아요! 버섯볶음에 당근이 너무 많아요!"
내가 숨겨놓은 당근이었다. 모두들 VIP답게 냉정했다. 분명 타박을 받았는데 어쩐지 웃음이 났다. 여기서는 정말 누구 한 명 '이렇게 먹여주시는 게 어디예요' 따위의 태도를 보이지 않는구나 싶어서.
"아이, 그건 여기 이모가 직접 만든 거예요!! 너무 대놓고 디스하신다!"
키다리 아저씨가 부러 장난스럽게 말하자 아이들만 낼 수 있는 특유의 명랑한 웃음소리가 밤하늘 가득 울려 퍼졌다. 그 모습을 보고 있자니 우리 동네에도 이런 푸드트럭이 있으면 좋겠다는 생각이 들었다. 아니, 꼭 푸드트럭이 아니더라도 아이들 곁에 좋은 어른들이 많이 있으면 좋겠다고 생각했다. 동네 슈퍼 아저씨가

"밥은 먹었니?" 물어봐주고, 옆집 아주머니가 "아줌마 오늘 돈가스 했는데 같이 먹을래?" 하고 손 내밀어준다면. 그렇다고 해서 아이 앞에 놓인 모든 어려움이 갑자기 눈 녹듯 사라지진 않겠지만, 확실히 배는 덜 고프지 않을까. 덜 서럽기도 할 것이다. 배고픔이 희귀해진 시대인 만큼 배고픔의 서러움은 더 커졌을 테니까.

헤어지기 전, 나는 어른들에게 혹시 바라는 것이 있는지 물어보았다. 그런 게 있다면 기사에 꼭 반영해주고 싶어서였다.

"바라는 거요? 천막 안이 춥고 많이 부족하지만 그래도 아이들이 이 안에서만큼은 행복했으면 좋겠어요. 그리고 저는 진짜 바라는 거 없는데, 딱 하나, 조그마한 곳이라도 좋으니 아이들이 따뜻하게 밥 먹을 수 있도록 공간을 내어주시는 분이 계시면 좋겠어요. 경로당도 좋고 교회도 좋아요, 2주에 한 번만이라도요."

나는 꼭 그렇게 되길 바랐다. 내 기사를 본 맘씨 좋은 누군가가 그런 공간을 내어주길, 그래서 올겨울은 아이들이 찬바람 맞지 않고 따뜻한 곳에서 편히 밥을 먹을 수 있기를 바랐다.

하지만 보도 이후 따뜻한 공간은커녕 푸드트럭이 멈춰 서버렸다. 코로나19 3차 대유행이 덮친 것이다. 그곳 어른들과 아이들은 얼마나 속상해하고 있을까, 나는 걱정됐다. 그러나 기우였던 걸까, 다시 찾은 주점 주방에서 만난 어른들은 수심에 가득 찬 얼굴이 아니었다. 오히려 휘영청 밝은 보름달 같았다.

"기사 나가고요, 우리가 깜짝 놀랄 정도로 선물이 그냥 막. 선물로 사무실 반이 다 찼잖아요. 그래서 바로바로 아이들 나눠주잖아요? 다음 날이면 또 다 차요. 나눠주면 차고, 나눠주면 차고. 사람들이 여기 무슨 마르지 않는, 기적의 곳간이냐고 그랬다니까요. 퍼내고 퍼내도 계속 쌓여 있다고. 아, 기자님 요 만두 터졌다."

지난번엔 버섯볶음이었는데, 이번엔 만두였다. 새해 떡국에 만두 넣어 먹으라고, 아이들에게 만두를 배달해주려는 것이었다. 앞치마를 두르고 만두를 빚으며 들어보니, 기사가 나간 뒤 "별거 아니지만 아이들에게 선물로 주고 싶어요"라며 여기저기서 선물들을 보내왔다고 한다.

가깝게는 동네 가게 사장님이 "우리 동네에서 이런 좋은 일을 하고 있는지 몰랐다"며 학용품을 보내왔고, 멀게는 바다 건너 호주에서 "추운 겨울, 별거 아니지만 아이들이 따뜻하게 보낼 수 있도록 목도리와 양말을 선물하고 싶다"고 돈을 보내왔다. 그 밖에도 한과, 메밀전병, 과자 세트, 손수 만든 액세서리, 티셔츠 등등 각양각색의 선물이 쏟아졌다. 사실 나도 어젯밤 여기 온다고 별거 아니지만 아이들 간식을 하나하나 예쁘게 포장해 온 참이었는데, 나와 같은 마음을 가진 분들이 많았던 모양이다.

선물뿐만 아니라 기부금도 물밀듯이 들어왔다. 무려 1,000명 넘는 사람들이 기부에 동참했다. 모두가 힘든 코로나 시국이지만, 열 숟가락으로 밥 한 그릇 만든다는 마음으로 5,000원, 1만 원씩 보내준 분들이 많았다.

"기자님, 이거 한번 보실래요? 완전 감동."

그건 기부금 통장 내역이었다.

적어서죄송합니다
학생이라적은돈
전재산이에요돈벌면
다음엔더크게
따뜻한겨울
결식아동챙겨주셔서
애기들간식에보태
작지만받아주세요

받는 사람의 통장에 표기하는 란을 통해 짧은 편지를 남긴 것이었다. 1,000명이 보내준 그 짧은 편지들에는 더 내주지 못한 미안함, 조금이나마 도움이 되고 싶은 따뜻한 마음이 담겨 있었다. 푸드트럭 어른들은 이 편지를 인쇄해 몇 번이고 읽었다고 했다.

"기자님, 제가 사과할게요. 처음에 촬영 온다고 했을 때 그냥 오나 보다 했는데, JTBC가 진짜 영향력이 엄청나네요. 저 정말 놀랐잖아요."

나는 손사래를 쳤다. 이건 우리 영향력 때문이 아니었다. 이제껏 수많은 기사를 썼지만, 이런 일은 나도 처음이었다. 댓글이

1,000개 달리는 것도 쉽지 않은 일인데, 1,000명이 기사를 꼼꼼히 읽고 기사에 나온 푸드트럭이 어디에 있는지 검색해보고, 실제 기부금을 보내주었다는 것 아닌가.

그만큼 우리 사회에 '배고픈 아이만은 없어야 한다'고 믿는 사람들이 많은 것일 테다. 그저 그런 아이들이 존재한다는 것을 알지 못하다가 내 기사를 보고 알게 된 것이 아닐까. 푸드트럭에 모인 1,000명의 기부금, 선한영향력가게라는 이름으로 모인 2,700명의 사장님들을 보며, 나는 새삼 '잘 듣고, 잘 들려주는 것'이 내가 마땅히 해야 할 일이라는 생각이 들었다.

◆

2020년 12월 31일, 김보민 대표가 "어떤 분이 새벽에 사무실 앞에다 이런 걸 두고 가셨어요"라며 사진 한 장을 보내왔다. 사진 속엔 5,000원짜리 지폐 몇 장과 500원짜리 동전이 수북이 담긴 검은 봉지, 그리고 노란색 종이에 쓴 편지 한 통이 있었다. 편지의 내용은 이러했다.

'먹고사느라'라는 핑계로 이것밖에 할 수 있는 게 없네요. 아이들 밥값에 보태주시고, 올해는 모은 것이 적어 얼마 전 아버님 상 치르느라 들어온 부조금이 조금 남아 보내봅니다. 몸으로 뛰시는 분들께 감사하고 죄송합니다. 우리 아이들 잘 부탁드립니다.

그리고 1년 뒤인 2021년 12월, 푸드트럭은 멈춰 섰다. 드디어 꿈에 그리던 '식당'을 내게 된 것이다. 이제 비가 와도 눈이 와도 겨울바람이 쌩쌩 불어와도 아무 걱정 없다. VIP를 모실 아늑하고 든든한 공간이 생겼으니까.

열여덟,
어른이 되다

2020년의 끝자락이었다. 코로나가 휩쓸고는 있지만 거리엔 캐럴이 꿋꿋이 흘러나오고, 며칠 뒤 다가올 새해에 조금은 들뜬 분위기였던 연말의 어느 오후, 열일곱 살 소년이 건물 옥상에서 뛰어내렸다. 평생을 보육원에서 보낸 소년이었다. 작은 상자에 담겨 보육원에 보내진 갓난아기 때부터 열여덟 살을 몇 달 앞둔 그날 오후까지의 평생을.

소년 같은 아이들에게 만 열여덟 살이 된다는 것은 큰 의미를 갖는다. 열여덟 살이 되면 보육원에서 나가 '어른'이 되어야 하기 때문이다. 이렇게 나오는 아이들을 보호가 종료됐다고 하여 '보호종료아동'이라고 부른다. 떠밀리듯 세상에 나오는 보호종료아동은 매년 2,500명 정도 된다.* 이런 열여덟 어른에게는 자립정착금 500만 원과 퇴소 후 3년 동안 매달 자립수당 30만 원이 지급되는데, 이게 사실상 손에 쥔 전부다.

그래서 소년의 죽음에는 '홀로서기가 두려웠나' 같은 해석이 붙었다. 전국 공모전에서 상을 탈 정도로 글도 잘 쓰고, 꿈도 많았던 소년이 돌연 이런 극단적 선택을 한 데에는 그런 두려움이 자리 잡고 있지 않았을까 하는 추측이었다. 소년이 살던 보육원의 한 관계자는 그런 해석은 잘못됐다고 강하게 주장했다. 퇴소를

---

* 2018년 2,606명, 2019년 2,587명, 2020년 2,368명. 출처 : 아동권리보장원.

코앞에 둔 상황은 아니었으니, 퇴소로 인한 불안감 때문이 아니라는 것이었다. 이 관계자는 소년이 "원래 우울증이 심했다"고 말했다.

유서를 남기지 않았으므로 누구도 소년이 죽은 이유를 장담할 수 없을 것이다. 그렇지만 나는 알고 싶었다. 소년이 왜 스스로 생을 내던졌는지.

◆

"기자님이 말하는 그 보육원 어딘지 알고 있어요. 그 보육원 나온 애들이랑 알거든요. 그래서 죽은 아이에 대해서도 좀 들었어요. 정말 괜찮은 애였다고 하던데……. 너무 안타까워요."

죽은 소년과 같은 보육원을 나온 친구들을 알고 있다는 보호종료아동 A를 만났다. A에게 아이가 왜 그런 선택을 했는지도 들었느냐고 물었다.

"원래 우울증이 심했다고요? 그렇긴 하겠지만……. 근데 '원래' 우울증을 앓는 사람이 어디 있어요? 다 이유가 있으니까 우울증이 생기는 거지. 저는 좀 더 철저히 조사해주면 좋겠어요. 그게 진짜 죽은 아이 개인의 문제인지, 아니면 시설에서 살아가면서 생기는 문제인지. 왜냐면 계속 반복되고 있는 일이잖아요."

"반복이요?"

"사실 지금 이 친구의 경우는 기사가 나와서 그렇지, 이런 일이 저희한테 그렇게 특별한 일은 아니거든요. 워낙 자주 반복되는 일이기도 하고요. 이 아이는 보육원에 있는 동안 그렇게 돼서 기사가 나온 거 같은데, 보육원 나간 뒤에 자살하는 애들 진짜 많아요. 제가 작년에 한 달 사이 네 명 자살했다는 소식도 들어봤거든요. 기사가 전혀 안 나와서 그렇지."
"한 달에 네 명이요? 1년에 네 명 아니고요?"
"한 달이요."
나는 순간 말문이 막혔다. 쉬이 믿어지지 않았다. 그러기엔 너무나 많은 숫자 아닌가.

◆

"퇴소한 뒤에 자살한 보호종료아동요? 저랑 친한 형이 그렇게 떠났어요. 그게…… 작년이네요. 차 안에서 혼자."
4년 전 퇴소한 보호종료아동 B가 말했다. 외로운 삶을 견디지 못하고 스스로 생을 마감한 보호종료아동은 죽어서도 외롭다. 연고자가 없어 장례조차 치르기 어렵기 때문이다. 우리 법은 혈연관계나 부부 관계 같은 연고자가 아니면 장사를 치를 수 없도록 하고 있다.
가족이 없는 보호종료아동에게는 18년간 같이 산 보육원 친구들이 가족인 셈이지만, 법적으로는 아무 사이가 아니기 때문에 친구들이 찾아가도 화장하고 봉안할 수 없는 경우가 대부분이다. 어쩔 수 없이 보호종료아동은 무연고자 묘지에, 분류 번호만 표기된 비석 아래에 묻힌다. 나도 무연고자 묘지에 눕게 될까, B는 종종 생각한다. 그러다 '아비 같지 않은 아비여도 아버지가 있으니 그렇게 되지는 않겠거니……' 한다.

그렇다. B에게는 아버지가 있다. 초등학생 때였다. 그는 아버지의 손에 이끌려 보육원에 들어왔다. 처음에는 곧 집으로 돌아갈 수 있을 줄 알았다. B는 명절만 되면 보육원 앞에 멈춰 선 택시 안에 아버지가 타고 있지는 않을까 목을 쭉 빼고 내다봤다. 하지만 그런 기다림은 늘 실망으로 끝이 났다. 아버지는 B를 보육원에 맡기고 처음 한두 번만 찾아왔을 뿐, 금세 발길을 끊었다.

B가 아버지를 다시 만난 건 열여덟 살, 퇴소하던 날이었다. 아버지는 어린 B가 그토록 기다렸던 말을 해주었다. "이제부터 우리 같이 사는 거다." 아버지는 돈 관리도 당신이 해주겠다며 통장을 맡기라고 했다. 자립정착금 500만 원이 들어 있는 통장이었다. B는 아버지를 믿고 통장을 맡겼다. 몸 쓰는 일은 자신 있던 B는 닥치는 대로 일을 했다. 버는 돈을 족족 아버지에게 주며 잘 모아달라고 부탁했다. 돈이 어느 정도 모이면 대학에 가는 것이 B의 꿈이었다.

하지만 역시, 아버지를 믿어서는 안 됐다. 아버지가 통장에 손을 댔다는 것을 알았을 땐 이미 잔고가 바닥나 있었다. B는 얼마 남지 않은 돈을 챙겨 들고 집을 뛰쳐나왔다. 처음에는 찜질방을 전전했다. 젊으니까 막노동이라도 하면 고시원 정도는 무리 없이 들어갈 수 있을 거라 생각했다. 그러나 B는 아무것도 할 수 없었다.

돈이 똑 떨어진 뒤 향한 곳은 일용직 인력 사무소가 아닌 지하철역이었다. B는 출구 계단에 앉아 며칠 밤을 지새웠다. 세상이 나를 또 한 번 버렸으니 이제는 그만 버려져야겠다, 버려진 채로 있어야겠다는 마음이었다. 계단에 앉아 아침을 맞으며 B는 생각했다. 사실 그렇게 요란 떨 일도 아니지 않은가.

이미 수많은 보육원 선배들이 당한 일이었다. 퇴소할 때가 되면 연락 한번 없던 엄마가, 아빠가, 친척이, 심지어 친구의 아버지가 찾아와 '우리 이제 같이 살자'고 얼싸안은 뒤 자립정착금 500만 원만 홀라당 가로채고 내쫓는다는 레퍼토리는 흔하다 못해 고전적이었다. 다들 알면서도 당하고, 또 당하는 것은 그만큼 그리움과 외로움, 쓸쓸함이 크기 때문이었다. 갑자기 떠밀리듯 세상에 나와 홀로 서야 할 때, 막막함이 사무칠 때 '이제 우리 같이 살자'는 말만큼 달콤한 말은 없었다. B는 돈을 빼앗긴 뒤 알게 됐다. 아버지가 왜 나를 버렸는지.

"아버지는, 그러니까 아버지는요, 원래 그런 사람이었던 거예요."

그때 마음이 어땠냐는 내 질문에 B는 오랜 침묵으로 답을 대신했다. 그러더니 "지금은 괜찮아요"라고 짧게 말했다. 노숙 생활은

2주 만에 청산했고, 지금은 아르바이트를 하며 살아가고 있다고. 우리의 대화가 끝나갈 때쯤, B는 갑자기 차 안에서 자살했다는 형 이야기를 다시 꺼냈다.

"제가 말한 형 있잖아요. 우리 중에서 제일 돈도 열심히 벌고 잘 살아보려고 노력했던 사람이었거든요. 그런데 갑자기 그렇게 가서…… 다들 의아해했어요. 보육원 출신 중에 우울증으로 자살하는 사람이 많대요. 저는 다른 것보다도 이런 부분을 좀 살펴봐 줬으면 좋겠어요."

◆

"자살하는 애들이요? 많죠. 사는 게 이러니까."

C는 자기가 보육원의 문제아 중 한 명이었다고 했다. 선생님이 자꾸 소리 지르고 때리니까 화가 나 반항하고 대들었다고. 그러다 무리 중 몇 명이 보육원에서 쫓겨났는데, 그 모습을 본 뒤로는 무서워서 쥐 죽은 듯 살았다고 했다. 보육원에서 내쫓긴 아이들은 어디로 갔느냐고 물으니 C는 이렇게 답했다.

"글쎄요. 연락 끊겼는데, 여자애니까 지금쯤 조건 만남 같은 거 하고 있지 않을까요? 마지막에 들었을 때 상황이 별로 안 좋았거든요."

"조건 만남이요?"

"유흥업소요. 뭐, 말이 유흥업소지 조건이에요. 그런 애들 많아요. 제 주변에만 다섯 명 있는데, 저랑 같이 살던 친구도 그랬어요."

보육원을 나온 뒤 이 집, 저 집을 전전하며 살고 있는 C는 바로 직전에 같이 살던 친구도 유흥업소에 다녔다고 했다. 떠밀리듯 사회로 나온 보호종료아동은 범죄에 노출되기 쉬운 편이다. 성매매, 소액결제 사기 등에 연루되는 경우도 있다. 한번은 이런 일도 있었다. 막 보호가 종료돼 갈 곳 없는 아이들에게 보육원 선배들이 숙식을 제공하고, 성매매를 시켰다. 그런데도 선배들을 원망하지 않았다고 한다. 오히려 감사한 마음을 갖고 있었단다. 그만큼 하루를 살아내는 것이 버겁고 절실했다는 뜻이었을 거다.

나는 C에게 혹시 방금 말한 그런 친구들을 연결해줄 수 있느냐고 물었다.

"글쎄요, 한번 물어볼게요. 근데 제가 핸드폰비가 계속 밀려서 폰이 곧 끊겨요. 원래 오늘 끊길 줄 알았는데 아직 안 끊겼더라고요? 내일은 진짜 끊길 거 같아서, 만약에 제 폰이 먹통 되면 그래서인 줄 아시고요. 나중에 핸드폰비 내면 전화드릴게요."

며칠 뒤 C에게 전화를 걸었다. 먹통이었다. 일주일 뒤에도, 한 달 뒤에도 마찬가지였다. C는 꽤 오랫동안 밀린 휴대전화 요금을 내지 못하고 있는 것 같았다.

◆

"보육원에서 친하게 지내던 언니가 있었는데 그 언니가 퇴소한 뒤 연락이 끊겼어요. 저는 그때 보육원에 있을 때라 잘은 모르지만, 언니랑 같이 퇴소했던 사람들 말로는 언니가 자해를 했다고 하더라고요. 그러다 어느 날 뛰어내려 죽고 싶다고 단칸방에서 말했대요. 다들 그러지 말라고 하고, 전화하고 했는데…… 그 뒤로 연락이 끊겼대요."

그 언니는 어떻게 됐는지, 그 언니와 같이 퇴소해 사정을 잘 아는 보호종료아동을 연결해줄 수 있는지 물었지만 D의 정신은 온통 집 문제에 쏠려 있는 듯했다.

D는 갓 퇴소한 상태였다. 만나자고 하니 이 집 저 집 얹혀살고 있어 만날 장소가 마땅치 않다며 전화로 이야기하자고 했다. 통화 내내 D는 집 구하기가 너무 어렵다는 이야기만 했다. 나는 의아했다. 정부가 보호종료아동에게 LH 전세지원 등 주거 지원을 하고 있지 않나.

"그렇긴 한데요, 제가 LH를 신청하러 갔었거든요. 근데 공무원이 다짜고짜 '어, 안 되는데? 아직 뭐 공고 없는데?' 이런 식으로 이야기를 하시더라고요. 분명 지원된다는 걸 알고 갔는데 아예 모르시니까. 우리가 받을 수 있는 혜택을 공무원이 모르면 누가 알지? 우리한테 누가 알려주지? 싶더라고요. 근데 그거야 제가 설명하면 돼요. 진짜 문제는 전셋집 찾는 거 자체가 어렵다는 거예요. LH라 그런 건지, 아니면 제가 너무 어려서 만만하게 보고 그러는 건지 모르겠는데, 집 보여달라고 하면 막 곰팡이 슬어 있고 그런 안 좋은 집들만 보여주시더라고요."

D는 LH 지원을 포함한 정부의 주거 지원을 줄줄 꿰고 있었다. 그 정도로 전문가가 되어 있었는데도 D는 이제 그만 포기하고, 그냥 같은 처지의 보호종료아동들과 자립정착금을 합쳐 반지하 단칸방이라도 구해야겠다고 했다.

보호종료아동이 겪는 막막함의 8할은 주거 문제에서 오지만, D와 비슷한 이유로 대부분은 LH 주거 지원을 받지 못한다. 보호종료아동 중 단 25퍼센트만 LH 지원을 받았다. 자립지원시설이나 공동생활가정 같은 정부의 다른 주거 지원을 전부 합쳐도, 지원을 받은 보호종료아동은 32퍼센트에 그쳤다. 나머지 68퍼센트는 온전히 자기 힘으로 집을 구해야 했다.●

● 출처 : 허민숙 입법조사관이 발간한 보고서 〈보호종료청소년 자립지원 방안〉. 2017년 기준.

◆

"저도 한 달에 세 명 정도 자살한다는 소식을 들어요. 안 듣는 달도 가끔 있지만, 거의 꼬박꼬박 들어요."

나를 만나자마자 비타500 한 박스를 안겨준 E는 개중 잘 자리 잡은 편으로 보였다. 집 구하기 어렵다는 서울에서 좁긴 하지만 두 다리 쭉 펴고 잘 수 있는 보금자리도 구했고, 휴학 중이기는 하지만 대학 진학에도 성공했기 때문이다.

"대단하긴요. 저도 언제 졸업하게 될지 몰라요. 3000만 원을 모아야 다시 학교로 돌아갈 수 있거든요."

E의 사연은 이랬다. E는 초등학교 2학년 때 보육원으로 보내졌다. 아버지에게 학대를 당했기 때문이다. 하지만 폭력을 피해 도착한 그곳에도 폭력은 존재했다. E는 처음 1년간 아무도 모르게 참 많이 맞았다고 했다. 보육원 선생님한테 말이다.

그런 상처 탓일까. E는 늘 보육원을 나오고 싶었다. 여러 명이 우르르 모여 먹고 자는, 내 것이라곤 아무것도 없고, 엄격한 규칙에 얽매여야 하는 보육원이 지긋지긋했다. E는 '이놈의 보육원, 열여덟 살만 되면 당장 나간다' 다짐하며 그날이 오기만을 기다렸다. 퇴소 후의 삶을 상상하는 것은 E의 유일한 낙이자 지금의 삶을 버티게 하는 원동력이었다.

E는 대학에 진학해 간호사가 될 계획이었다. 간호사는 취업 걱

정이 없다고 들었기 때문이다. 대학에 진학하면 퇴소하지 않고 더 머물 수 있지만, 다른 선배들이 그랬듯 무조건 바로 보육원을 떠날 생각이었다. 그런데 막상 그토록 기다리고 기다리던 열여덟 살이 다가오자 E는 숨이 막혀왔다.

"행사 같은 거 하면 다른 보육원 애들도 만날 수 있거든요. 전부 다 같은 이야기를 해요. 나가고 싶다고."

"그런데 나오고 나면 또 막막하지 않나요?"

"네."

"그럼 되게 갈 곳이 없다고 느껴지겠다……."

"그래서 우울증에 많이 걸리죠."

당장이라도 나가고 싶던 그곳에서 막상 나갈 때가 되니 밀려오는 막막함. 그것은 E에게 깨달음을 주었다. 스스로가 아무 힘 없는, 보잘것없는 존재라는 깨달음 말이다. E의 우울은 열일곱 살이 되면서 극에 달했다. 열일곱 살의 우울은 보육원에서 자란 아이라면 누구나 겪는, 일종의 풍토병 같은 것이었다.

하지만 참 대견하게도, E는 계획대로 착착 해냈다. 장학금을 받으며 간호학과에 진학했고, 집 문제도 해결했다. 하지만 큰 산을 넘고 나니 복병이 기다리고 있었다. 그것은 '일상'이란 놈이었다. 단체 생활을 하는 보육원에서는 보는 것도 쓰는 것도 한정적이다. 내 것이라고 할 만한 물건도 별로 없다. 오죽하면 평생 살던 곳에서 짐을 빼는 것인데도 퇴소할 때 작은 상자 하나 들고 나올 정도다. 그런 삶에 익숙한 E에게는 보육원 밖에서의 일상도 배워야 할 무언가였다. 친구들은 한 번쯤 어른의 손을 잡고 따라가봤을 시장도 E에게는 생전 처음 가보는 곳이었으니 말이다.

E처럼 일상생활에 어려움을 겪는 보호종료아동이 적지 않다. 기숙사에서 전자레인지 쓰는 방법을 몰라 애를 먹고, 고등학생 때도 한 달에 용돈을 3만 원밖에 받지 않았는데 갑자기 수십만 원이 생기니 흥청망청 쓰다 곤란을 겪는다. 낯선 일상에 허덕이던 E는 결국 한 학기를 다니고 휴학을 했다. 장학금 받을 성적을 낼 자신이 없었기 때문이다.

어려움이 있을 때 주위 친구들에게 도와달라고 할 수도 있었겠지만, 그러다 보면 보육원 출신이라는 것을 들킬 것만 같았다. E는 '아, 쟤는 불쌍한 아이야' 하는 시선이 두려웠다.

"보호종료아동이라고 하면 괜히 더 잘해주는 사람도 있지만 똑같은 행동을 해도 '쟤는 부모 없이 자라서 그래'라고 말하는 사람들이 많잖아요. 그런 소리 듣기 싫어서라도 진짜 신경 쓰면서 살았거든요. 그러니 어지간하면 제가 보육원에서 자란 건 숨기고 싶죠."

그 말을 들으니 E가 비타500을 사 온 이유를 알 것 같았다. 나는 보통 인터뷰 대상자를 만날 때 음료수나 롤케이크 같은 것을 사 가곤 한다. 아무런 금전적 보상 없이 시간을 내주는 것이기 때문이다. 하지만 E처럼 나에게 무언가를 주는 사람은 처음이었다. 내가 김영란법 때문에 안 된다고 손사래 치자, E는 "찾아봤는데 이렇게 저렴한 건 된다던데요"라고 했다. 아무래도 E는 자신이 보호종료아동이라는 것을 알고 있는 나의 시선도 신경이 쓰였던 모양이다. 그래서 미리 이런저런 준비를 한 것이리라.

사실 E의 처지를 생각하면, 비타500 한 박스는 결코 가벼운 지출이 아니었다. E는 학비를 벌기 위해 새벽까지 콜센터에서 일하고 있었다. 하루빨리 3000만 원을 모아 학교로 돌아가는 것이 E의 꿈이자 목표였다. 이제 곧 출근해야 한다며 헤어지기 전, E는 이런 말을 했다.

"이번에 죽은 아이요, 저희는 그냥 다들 이해해요. 그냥 '아, 많이 힘들었겠구나' 하는 마음……."

◆

믿기지 않았던 A의 말은 보호종료아동이 처한 현실을 보여주고 있었다. 내가 만난 스무 명의 보호종료아동은 모두 비슷한 이야기를 했다. 얼마나 발이 넓은지에 따라 목격한 죽음의 수에는 차이가 있었으나, 이들의 세계에서 죽음이 흔한 일이라는 것만은 분명했다.

그리고 한 명 한 명의 이야기를 들으면 들을수록, 왜 안 그랬겠는가, 생각하게 됐다. 성적인 피해망상이 있는 아버지 때문에 동생 손을 잡고 도망쳐 나온 아이, 부모님이 형제만 두고 도망쳐 어린 동생과 단둘이 몇 년을 버티다 보육원에 오게 된 아이……. 보육원에 오게 된 사연은 제각각 달랐지만, 홀로 세상에 나왔을 때 마주해야 했던 쓸쓸함과 막막함, 두려움은 모두 같았다.

나는 정부에 보호종료아동의 자살률에 관한 통계가 있는지 물었다. 없다고 했다. 영국 등은 보호종료아동의 자살률을 정책을 평가할 주요 지표로 삼아 집계하고 있다. 나는 다시, 자살률이 없다면 사망률이라도 알려달라고 요청했다. 퇴소 후 5년간은 보호종료아동의 주거, 진학, 취업 현황 등을 매년 모니터링하도록 돼 있다. 사회에 잘 적응하고 있는지 파악하고, 혹시나 위기 상황에 빠진 보호종료아동이 있다면 도와주기 위해서다. 그렇기 때문에, 사망의 구체적 원인까지 집계한 통계는 없더라도 단순 사망자 수 정도는 알 수 있을 거라고 생각했다. 하지만 그 역시 없다는 답변이 돌아왔다.

한 관계자는 그런 게 왜 궁금하냐고 되묻기도 했다. 과거에는 어땠을지 모르겠지만, 지금은 정부의 지원 제도가 많아졌기 때문에 자살하는 보호종료아동이 많지 않다는 것이었다. 내게 "누가 그런 이야기를 하느냐"고 묻기도 했다. 나는 "보호종료아동들이요. 제가 만난 친구들이 그렇게 말해요"라고 답했다.

그는 그대로, 나는 나대로 조금 당황했다. 이 관계자는 보호종료아동을 직접 마주하는 업무를 하고 있지 않았기 때문에 내 말에 충분히 의문을 품을 수 있다고 생각한다. 다만, 정부가 보호종료아동의 현실을 이토록 파악하지 못하고 있구나, 하는 생각도 지울 수 없었다.

2007년, 우리 정부는 '자립지원 전담요원 제도'를 도입했다. 자립지원 전담요원은 아이들이 열다섯 살이 되면 함께 자립 계획을 세우고 홀로 설 준비를 돕는다. 퇴소한 뒤에도 5년간은 정기적으로 연락을 하며 보호종료아동이 어떻게 지내는지 살피고, 필요한 도움을 제공한다. 이런 제도가 도입된 지 벌써 15년이 지났다. 그런데 왜 단순 사망자 수조차 알 수 없다고 하는 것일까.

"퇴소 후 5년간 저희가 모니터링하는 건 맞는데, 보호종료아동이 연락을 끊어버리거든요. 연락받기 싫다는데 저희가 강요할 순 없는 노릇 아닙니까?"

2019년을 기준으로, 모니터링 대상자는 1만 2,796명이다. 그중 '연락 두절'은 26.3퍼센트인 3,362명에 달했다. 영국에서는 보호종료된 열여덟 살 청소년의 94퍼센트가 정부와 연락을 유지하고 있다.• 그와 비교하면 분명 초라한 숫자다. 하지만 나는 조금 놀랐다. 내 생각보다는 꽤 괜찮은 성적표였기 때문이다.

나는 적어도 50~60퍼센트는 연락 두절일 거라고 생각했다. 왜냐면, 비록 스무 명뿐이긴 했으나 내가 만난 보호종료아동들 중

• 출처: 허민숙 입법조사관의 보고서 〈자립지원의 공백〉.

도움을 받은 적이 있다는, 아니 도움을 요청할 수 있는 사람이 있었다는 말을 한 사람은 단 한 명도 없었기 때문이다. 자립정착금을 빼앗긴 뒤 거리로 내몰렸을 때, 집을 못 구해 이 집 저 집 떠돌 때조차도, 도움을 청할 곳은 없었다고 했다. 나는 다시 보호종료 아동들에게 물었다.

"연락이 오긴 해요. 근데 왜 도와달라고 안 했냐고요? 연락했어도 별 의미 없었을 거예요. 1년에 한 번 연락 올까 말까인데……. 연락 와서도 뭐 묻고 그냥 끝이에요."

"연락을 가끔씩 하시는데, 그때마다 좀…… 뭐랄까요, 바쁘시다 보니까 답이 느려서 그냥 혼자 해결했죠. 다른 애들요? 다른 애들은 아예 연락 안 받는 것 같았어요. 그분이 되레 저한테 물어보시더라고요. '요새 얘는 어떻게 지내고 있냐' 이렇게요. 조사하셔야 되니까."

"되게 힘든 상황에서 연락을 한 번 했었는데, 연락이 정말 안 닿더라고요. 그 뒤로는 그냥 안 해요. 기대도 없고."

그러니까, 자립을 돕기보다는 1년에 한 번 연락해 현황 조사를 하는 데 그치고 있다는 것이었다. "보호종료아동에게 연락을 받으라고 강요할 순 없는 노릇 아니냐"는 말은 분명 맞는 말이지만, 조사를 하는 데 그치지 않고 도움을 줬다면 '연락 두절'이 될 이유가 전혀 없었을 것이다. 모두들 정말 도움이 절실했으니까.

왜 조사를 하는 데 그치고 있는지는 자립지원 전담요원 '수'를 보면 알 수 있다. 2020년 기준으로, 306명이 전부다.* 그러다 보니 한 사람이 백 명 넘는 보호종료아동을 담당하는 경우까지 생긴다. 이 제도가 본래 취지대로 운영된다면 어떤 효과를 낼까? 영국을 보면 알 수 있다.

보호종료아동에 대한 정책을 가장 잘 펴고 있는 나라로 꼽히는 영국은 2001년 '개인상담사 제도'를 도입했다. 영국의 개인상담사는 아이들이 열여섯 살이 되면 자립 계획을 같이 세우고, 보호가 종료되는 열여덟 살부터 스물다섯 살까지 자립을 돕는다. 그런 의미에서 '영국의 개인상담사'와 '우리나라의 자립전담 지원요원'은 맥을 같이한다고 할 수 있다. 하지만 우리나라의 자립전담 지원요원이 한 명당 수십 명의 보호종료아동을 담당하는 데 반해, 영국의 개인상담사는 보호종료아동과 '일대일'로 맺어진다. 여기서부터 차이가 벌어진다.

영국에서는 개인상담사가 보호종료아동을 최소 8주마다 직접 만나고, 보호종료아동이 도움을 요청하면 꼭 응해야 한다. 한마디로 일대일 밀착 관리를 하는 것이다. 예를 들어, 보호종료아동이 집을 구한다고 하면 어느 지역에 살면 좋을지부터 함께 상의하고, 집을 보러 갈 때 따라가줄 정도다. 이사를 한 뒤에는 7일 이내

---

* 출처 : 보건복지부. 2020년 기준.

꼭 직접 방문해서 사는 데 문제는 없는지 살핀다. 전화로 월세인지 전세인지 등을 조사하는 데 그치는 우리나라와 비교하면 훨씬 더 촘촘한 관리를 하고 있는 것이다.

안타까웠다. 내가 만난 보호종료아동들이 가장 바랐던 것이 바로 이런 존재였다. 도움이 필요할 때 손 내밀 수 있는 어른 말이다. 나는 어떤 인터뷰든 마치기 전에 '혹시 꼭 하고 싶은데 미처 못 한 말이 있는지' 묻는다. 어렵게 카메라 앞에 앉은 만큼, 후회 없이 하고 싶은 말을 다 하고 가기를 바라서다. 보호종료아동들을 만났을 때도 똑같은 질문을 던졌는데, 그들의 대답은 나를 놀라게 했다.

나는 대부분 '경제적 지원을 늘려달라'고 말할 줄 알았다. 자립정착금 500만 원, 자립수당 30만 원으로는 생활을 꾸려가기 턱없이 부족할 테니까. 그런데 정말 단 한 명도 '경제적 지원을 늘려달라'고 말하지 않았다. 그들이 원한 것은 정말 도움이 필요할 때 손 내밀 수 있는, 도와달라고 말할 수 있는 '어른 한 명'이었다.

"보호종료아동들이 가장 힘든 게, 진짜 혼자니까……. 정말 힘들 때만 연락할 테니 누구든 연락할 수 있는 사람이 있으면 좋겠어요."

"제 동생이 곧 퇴소해요. 동생한테 제가 있듯이, 과거의 저한테도 그런 어른이, 이왕이면 나를 좀 대변해줄 수 있는 어른이 있었다면 어땠을까 하는 생각을 많이 해요. 그럼 내가 돈을 관리할 때

나 집을 구할 때 돌아가거나 힘든 일은 없었겠다…….'

　자립정착금, 자립수당, LH 전세지원, 찾아가는 자립교육, 자립 선배 모임 지원 등 보호종료아동을 지원하는 제도는 적지 않다. 하지만 내가 취재하는 내내 느낀 것은 이런 제도들이 보호종료아동의 삶에 가닿기보다는, 그저 나열되는 데 그치고 있다는 것이었다. 정부 관계자의 설명대로 "아이들이 잘 몰라서 신청을 안 해서"일 수도 있고, 보호종료아동의 말대로 "잘 알아도 문턱 넘기가 어려워서"일 수도 있다. 어느 쪽이든 제도와 대상을 연결해줄 무언가가 필요하다는 건 분명하다. 기왕 만들어놓은 '자립지원 전담 요원 제도'가 그 역할을 충분히 해낼 수 있도록 보완해나가는 것이 중요해 보였다.

　다행인 점은 보도 이후, 꼭 내 기사 때문은 아니겠으나 보호종료아동에 대한 관심이 높아졌고, 몇몇 제도들은 보완됐다는 것이다. 원한다면 스물네 살까지 보육원에 머물 수 있게 됐고, 퇴소 후 3년만 나오던 자립수당도 퇴소 후 5년으로 지급 기간이 늘어났다.

　환영할 만한 변화다. 다만 퇴소 시기를 늦추고 수당을 좀 더 쥐여준다고 '자립'할 수 있는 것은 아니다. 정말 중요한 것은 몇 살에 나오느냐가 아니라, 자립 준비가 충분히 된 뒤에 나오느냐다. 얼마를 쥐여주는지도 중요하겠지만, 그 돈을 짜임새 있게 쓸 능력을 갖추었는지가 더 중요하다.

　그런 의미에서 가장 필요한 건, 역시 보육원 안에서 자립 준비가 제대로 이뤄지고 있는지 정부가 관심과 의지를 갖고 들여다보는 일일 것이다.

◆

식물 인테리어 사업을 하는 회사답게 사무실은 푸릇푸릇한 식물로 둘러싸여 있었다. 초록빛 식물 사이사이로 직원들의 얼굴이 보였다. 겉보기엔 특별할 것 하나 없는 사무실이지만, 조금만 머물러보면 어딘가 다르다는 느낌을 받는다. 대표와 직원, 직원과 직원 사이 사랑이 묘하게 넘친다. 명절에 뭐 먹고 싶으냐고 마치 명절에도 만날 사이인 것처럼 수다를 떨고, 대표와도 스스럼없이 어깨동무를 하고 얼싸안는다.

어딘가 특별해 보이는 이곳은 보호종료아동에게 안정적인 일자리와 교육을 제공하는 사회적 기업 '브라더스키퍼'다. 이곳에서만큼은 보육원 출신이라는 게 '스펙'이 된다. 보육원 출신인 김성민 대표가 보호종료아동이라고 하면 무조건 우대 채용하는 것이다. 직원 아홉 명 중 여섯 명이 그렇게 채용됐다.

"한 사람이 무언가를 10년 이상 하면 박사라고 하잖아요. 우리 회사의 꿈이 보육원에 있는 친구들을 돕는 거거든요. 보육원을 퇴소한 친구들만큼 보육원 아이들을 잘 아는 사람이 어디 있어요? 그러니 당연히 우대 사항이죠. 하하. 그리고 사실은 이런 이유도 있어요. 저도 그렇고, 우리 아이들은 보육원 출신이라는 걸 늘 숨기고 감춰야 했거든요. 그런 꼬리표가 붙으면 취직도 어렵잖아요. 그런데 그게 꼭 숨기고 감춰야 할 건 아니죠. 자랑거리는 아니어도 좀 당당하게 드러낼 수 있으면 좋겠다 싶어 고민하다 보니 '아, 그러면 우리가 우대 사항으로 두면 되지 않겠나'라는 생각이 들었어요. 그럼 보육원 출신이라는 걸 밝히지 않고는 절대 올 수가 없잖아요. 맞죠?"

자립정착금도 자립수당도 없던 시절, 단돈 5만 원을 들고 상경해 노숙을 하던 김 대표는 과거의 자신과 같은 처지의 아이들을 돕겠다는 마음 하나로 여기까지 왔다. 거리를 떠돌며 김 대표가 뼈저리게 느낀 건 '자립의 핵심은 일자리'라는 것이었다. 그래서 처음엔 기업들 문을 두드리며 보호종료아동을 위한 일자리를 구해왔다. 그런데 아무리 좋은 일자리를 연결해줘도, 후배들이 하나같이 1~2주 만에 그만두는 것이 아닌가. 이유를 들어보니 이랬다. 잘해주면 '보육원 출신이라 불쌍해서 잘해주나' 싶고, 잘해주지 않으면 '보육원 출신이라 나를 막 대하나' 생각돼, 견딜 수 없어 박차고 나왔다는 것이다.

이 일을 계기로, 김 대표는 일자리를 제공하는 것보다 더 중요한 게 마음의 상처를 치유하는 일임을 깨달았다. 그리고 그건 누구보다도 같은 상처를 가진 자신이 가장 잘할 수 있는 일 같았다. 그래서 회사를 만들고, 사람의 마음을 치유한다는 식물로 사업을 시작한 것이다.

우대 채용된 직원들은 이곳에서 처음으로 '든든한 백'이 생긴 기분을 맛보았다. 그것은, 따스하고 무해하며 편안한 것이었다.

"그동안 든든한 지원군이라고 믿을 만한 사람이 없다 보니까, 아무래도 누구를 만나든 조심하고 경계했던 것 같아요. 그런데 이제 진짜 내 백이 생겼다는 기분이 드니까, 마음이 편해요."

"같은 아픔? 같은 추억? 그런 게 있는 동료들이랑 같이 일하니까 더 재밌는 것 같아요. 힘든 일이 있어도 이야기할 수 있고요. 명절 때 보통 혼자 있었는데, 여기 온 뒤로는 다 같이 모여서 명절 음식도 먹고 그랬거든요. 그게 정말 좋더라고요. 진짜 가족이 생긴 기분?"

브라더스키퍼는 보육원을 찾아 아이들을 대상으로 자립 교육도 하고, 식물 인테리어도 해주곤 하는데, 그럴 때마다 마치 아이돌이라도 온 것처럼 아이들이 몰려든다고 한다. '진짜 어른'이 된 선배들을 동경하며 구경하러 오는 것이다.

요즘은 다들 취업이 어렵다고 하지만, 보호종료아동에게는 특히 어렵다. 2020년에도 약 37퍼센트가 대학 진학도, 취업도 하지 않은 상태에서 그냥 보호종료됐다.• 취업한 친구들도 대부분 택

• 출처 : 아동권리보장원.

배 상하차장, 콜센터 등에서 불안정한 일자리를 이어가고 있었다. 그렇기 때문에, 김 대표는 더 많은 보호종료아동이 '우대 채용'되기를 바라고 있었다.

"꼭 하고 싶은 말이요? 저는 사회적 기업이라도 보호종료아동을 더 고용할 수 있도록 해주셨으면 좋겠어요. 지금은 퇴소 후 5년까지만 사회적 기업이 고용할 수 있는 취약계층에 해당하는데요. 퇴소 후 5년은 정말 짧은 시간이거든요. 청년이 만 34세까지니까, 그때까지로 늘려주시면 정말 좋을 것 같아요."

보호종료아동 기획 보도의 마지막 시간, 김 대표를 스튜디오로 모셨다. 그의 기준에 따르면 그는 보호종료아동에 관해서는 '박사'였고, 나는 그가 누구보다도 보호종료아동을 대변할 수 있는 사람이라고 생각했다. 스튜디오에 앉은 그는 담담한 목소리로 보호종료아동의 삶에 대해 이야기했다. 그리고 부탁했다. 이들이 '진짜' 자립할 수 있도록 지속적인 관심을 가져달라고.

보도 이후, 김 대표가 호소했던 대로 보호종료아동은 만 34세까지 취업 취약계층으로 인정받게 됐다. 브라더스키퍼는 보호종료아동 두 명을 더 '우대 채용'했다. 그리고 '자립의 핵심은 일자리'라는 김 대표의 말이 와닿았던 건지, 많은 시청자들이 연락을 해왔다. 작은 사업체를 꾸려가고 있다며 일자리를 내주고 싶다는 것이었다. 모두들 보호종료아동의 상황을 고려해 숙식을 제공하겠다고도 했다. 어떤 일자리인지, 조건은 어떤지 자세한 설명도 함께였다. 회사 설명이 담긴 PPT를 보내주신 분도 있었고, 혹시 대학 진학을 원하면 장학금을 주고 싶다고 한 분도 있었다. 한 분 한 분께 감사 인사를 하고, 보호종료아동들에게 전달했다. 더 많은 사람이 볼 수 있도록, 기관에도 공유해달라고 부탁했다.

다만 이분들이 내민 손을 잡은 보호종료아동이 있는지는 모르겠다. 내가 처음 말을 꺼냈을 때, 대부분은 주저하는 반응이었다. 또래보다 훨씬 경계심이 큰 편이라 그런 것 같다. 이들이 살아온 환경을 생각하면, 당연히 그럴 수밖에 없을 것이고, 또 그러는 편이 나을 것 같다는 생각도 든다.

그래도 이분들이 보여준 선의가 보호종료아동에게 따뜻한 위로가 됐을 거라고 믿는다. 하지만 역시나, 몇몇의 선의가 국가가 해야 할 일을 대신할 수는 없다. 어떤 아이도 부모를 선택할 수 없고, 누구도 불행을 선택할 리 없는 이 세상에서, 매년 2,500명 정도의 보호종료아동이 우리 사회로 나온다. 지금 우리나라의 경제적·사회적 수준을 고려했을 때 2,500명이 진정 감당하기 어려운 숫자인지 나는 묻고 싶다. 지금 이 글을 읽고 계신 여러분도 가만히, 자기만의 답을 찾아보면 좋겠다.

◆

보호종료아동이 들려준 이야기 중 세상에 내놓지 못한 것이 있다. 미완의 취재로 그친 그 이야기는 보호종료아동 F와의 인터뷰에서 시작된다.

"마지막으로 하고 싶은 얘기요? 제가 여기 오기 전에 기자님이 쓴 기사를 몇 개 보고 왔는데요, 보통 가장 힘든 애들을 많이 찍으시더라고요. 그래서 저는…… 학대당한 애들을 좀 촬영해주시면 좋겠어요."

"학대요? 부모한테 학대받고 보육원에 온 아이들이요?"

"아뇨, 아뇨. 그게 아니고…… 보육원에서 학대당하는 아이들이요."

'요즘 때가 어느 때인데'라는 생각이 가장 먼저 떠올랐다. '그런 아이들이 있느냐'고 묻자, F는 나의 반응이 당황스럽다는 듯 이렇게 말했다.

"아니…… 부모가 있는데도 어린이집 같은 데서 선생님이 애들 때리잖아요. 집에 돌아가면 엄마가 목욕시키다 상처를 볼 수도 있고, 애가 엄마한테 이를 수도 있는데, 그런데도 그런 일이 계속 일어나잖아요. 저희는 부모도 없고 돌아갈 집도 없고, 그냥 쭉 보육원에만 있는 건데 왜 그런 일이 없을 거라고 생각하세요?"

생각해보니 그랬다. F의 말은 합리적으로 들렸다. 나는 혹시 학대당한 아이를 본 적이 있느냐고 물었다.

"어떤 선생님이 밤마다 애를 때렸대요. 세 살인가 다섯 살인가, 아무튼 정말 어린 애를요. 근데 그걸 다른 선생님이 본 거예요. 그래서 높은 분한테 얘기했대요. 그랬더니 그 높은 분이 못 본 척하라고 한 거예요. 아기가 오랫동안 맞았어요. 그걸 말한 선생님은 자기가 잘못한 것도 없는데 나갔고요."

"그게 언제 있었던 일이에요? 오래전 일 아니에요?"

"아뇨. 1년도 안 지났어요."

"그 보육원이 어딘데요? 선생님 이름은 알아요?"

"그건…… 그건 말할 수 없죠. 그럼 보육원에서 누가 이런 얘기를 했는지 잡아낼 텐데……."

"그럼 취재를 할 수가 없는데……."

"저도 딱히 여기를 취재해달라는 건 아니에요. 저 말고 다른 애들도 만나실 거 아니에요. 걔네들한테 물어보면 많이 나올 거예요. 특히 지방에 오래된 보육원들 물어보시면요."

"오래된 곳이요?"

"막 몇십 년 된 곳들 있잖아요. 새로 생긴 데는 거의 안 그러는데, 옛날부터 있던 곳은 좀 심하거든요. 옛날 문화가 안 바뀌어서……."

군대나 교도소같이 외부의 시선이 닿지 않는 폐쇄적인 곳일수록 악습을 끊어내지 못한다. F의 말은 그런 취지였다. 하지만 이 정도 이야기만 가지고 취재를 시작하긴 어려워 보였다. 맨땅에 헤딩하듯 취재하기에는 전국의 보육원 수가 너무나 많은 데다, 폐쇄적인 공간인 만큼 내부 관계자의 이야기를 듣는 것도 쉽지 않을 것이기 때문이다. 나의 이런 생각이 표정에 드러난 건지, F

는 조금 풀죽은 목소리로 말했다.

"사람들은 이제 시대가 많이 바뀌었으니까 안 때릴 거라고 생각하잖아요. 기자님도 그렇게 생각하실 것 같아서……. 그래서 그렇지 않다는 걸 말씀드리고 싶어서 한 이야기예요. 보육원에서 입막음을 진짜 잘하거든요. 그래서 그냥…… 기자님이 도와주시면 좋을 것 같아서……."

F에게, '묵인하라'는 말을 듣고 보육원을 나갔다는 그 선생님이라도 연결해줄 수 있는지 물었다. F는 조금 생각해보더니 이내 고개를 저었다. 그럼 선생님이 자기가 기자에게 이런 이야기를 한 걸 알게 될 테고, 그러다 그 보육원 귀에도 들어가면 어떡하냐는 것이었다. F는 말을 꺼낸 것조차 후회하는 눈치였다.

그 뒤로 나는 보호종료아동을 만날 때마다 보육원 안에 신체적이든 정신적이든 폭력이 존재했는지 묻곤 했다. "없었어요"라고 답한 보호종료아동도 분명 있었지만, 그런 이들조차도 "다른 곳은 모르겠지만……"이라는 단서를 걸었다. 그리고 대부분은 말을 아꼈다. 마치 뭔가 있지만 숨겨야 하는 사람처럼 말이다.

나는 그런 태도가 쉽사리 이해되지 않았다. 이미 보육원을 나왔으니, 제보한다 해도 보육원 측에서 어떤 불이익을 가할 수 없을 거다. 그렇다면, 여전히 그 안에서 살아가고 있는 가족 같은 동생들을 위해서라도 고발하고 싶은 마음이 있을 거라고 생각했다. F도 분명 그런 마음으로 말을 꺼낸 것이었다. 그런데 F도 그렇고 다른 이들도 그렇고, 다들 말을 아낀다. 왜 그럴까.

"있다 해도 아무도 제보 안 할 거예요. 그러다 보육원 폐쇄되면요? 저희가 제일 무서워하는 게 보육원 문 닫는 거거든요. 그럼 다들 뿔뿔이 흩어져야 하니까. 가뜩이나 다들 낯도 많이 가리는데⋯⋯. 다른 보육원에 들어가서 또 적응할 생각하면, 누가 죽거나 하지 않는 이상⋯⋯. 아니, 솔직히 보육원 폐쇄되면 자살하는 애가 나올 수도 있으니 잘 모르겠어요. 아무도 이야기 안 할 거 같은데요."

"만약에 부모님이 애를 학대해요. 그런데 그 애한테 '네가 신고하면 동생이랑 형이랑 다 뿔뿔이 흩어져서 다른 집에 들어가 살게 될 거야'라고 하면 신고를 할까요? 그렇게 생각하면 이해되실 것 같은데."

충분히 이해가 갔다. 비록 보육원이 안온한 안식처나 보금자리가 아니었던 아이들에게도 그곳은 그들의 유일한 뿌리이자, 형제자매들이 여전히 함께 살아가고 있는 곳이었다.

"충북희망원이 작년에 어떻게 됐는지 봤잖아요. 솔직히 무섭죠."

몇몇은 '충북희망원' 이야기를 꺼냈다. 충북희망원은 아동학대와 성폭력이 반복돼 2020년 폐쇄된 보육원이다. 졸지에 뿔뿔이 흩어진 아이들이 "여기가 내 집"이라며 보육원 앞에서 몇 달씩 노숙을 이어갔다. 길바닥에 나앉은 아이들은 "죄는 어른들이 지었는데, 피해자인 우리가 왜 또 피해를 입어야 해요? 우린 가족이에요. 옮

기다리노 세발 같은 보육원으로 옮겨주세요" 하고 절박하게 울부짖었다. 그 목소리가 나 같은 사람에겐 슬픔으로 다가왔지만, 같은 처지인 아이들에게는 본보기로, 두려움으로 다가왔던 모양이다.

  취재가 막힌 나는 충북희망원이 세상에 드러나는 데 힘을 보탠 한 사람을 만나러 갔다. 어떻게 이 사건이 낱낱이 드러나게 됐는지 알게 되면, 취재에 도움이 될 거라고 생각한 거다.

  "그때도 애들이 작정하고 폭로해서 세상에 알려진 건 아니었어요. 처음 시작은 어떻게 보면 '우연'에 가깝다고 할 수 있죠. 그 우연이 없었다면 충북희망원은 계속 운영되고 있을지도 몰라요. 그렇기 때문에, 아이들은 그 우연을 만들어낸 사람을 굉장히 원망했어요. 길 가다 마주치면 가만 안 둔다고 할 정도로요. 어떻게 보면 아이들의 삶을 구해낸 사람인데, 보육원 폐쇄가 결정되자 원망을 산 거죠. 이런 심리, 이해 잘 안 가시죠?"

  '나라면 어땠을까'와 '나라도 그랬겠다'를 오가며 나는 이 취재에 한참을 매달렸다. 하지만 누구 하나 또렷이 이야기해주는 사람이 없어, 늘 희뿌연 안개 속에 갇힌 기분이었다.

  또 다른 보호종료아동 G를 만난 건 이런 상황에서였다. 나는 G와의 인터뷰에서도 "보육원 안 폭력이 있었느냐"고 물었고, 이번에도 "글쎄요"라는 답이 돌아왔을 땐 아이들에게 미안하지만 이 취재는 역시 접어야겠다고 생각했다. 그렇게 인터뷰를 마치고 조금은 가벼운 마음으로 차에 오르려는데, G가 뛰어왔다. 따로 하고 싶은 말이 있다는 것이었다. 그러더니 G는 잔뜩 굳은 얼굴로 한 보육원의 이름을 꺼냈다.

"제가 나온 곳은 아니에요. 그런데 저랑 친한 애들이 다녔거든요. 여기 알아보세요. 제가 말했다는 건 절대 비밀로 해주시고요. 저는 상관없는데 제 친구들이 곤란해질 수도 있으니까요. 워낙 좁은 바닥이라서……. 하여튼 보육원에 있는 애들이 절대 피해 입지 않도록 해주세요. 약속해주세요."

이 정도 수위의 제보를 하면서, 이렇게까지 심각한 표정으로, 이토록 간절히 말하는 사람을 나는 처음 봤다. 하지만 이제는 이들이 왜 그러는지 잘 알기에, "약속해요"라고 말하는 내 표정도 사뭇 진지했을 것이다.

이런 식으로 몇 개의 보육원 이름이 더 나왔다. 나는 그 보육원들에서 생활하는 아이들, 또 그곳에서 최근 퇴소한 보호종료아동을 수소문했다. 동시에, 최근 3년간 이들 보육원에서 학대가 의심된다는 신고가 들어온 적 있는지 정부 기관에 자료를 요청했다. 개인정보 등을 이유로 제공을 거부해 국회의 도움을 받아야 했고, 꽤 오랜 시간이 흐른 뒤에야 자료를 받을 수 있었다.●

자료를 기다리면서도 큰 기대는 하지 않았다. 곪을 대로 곪아

● 김진겸 비서관의 헌신적인 도움을 받았다.

'팡' 하고 터져버린 충북희망원조차, '여기서 학대가 의심돼요' 하고 신고가 들어온 건 5년간 아홉 건밖에 없었기 때문이다.● 외부인이 자유롭게 드나들 수 없는 보육원 안에선 아이들이 직접 신고하지 않는 한 신고할 사람도 많지 않았다.

그래서 도착한 자료를 열어봤을 때, 나는 놀랐다. A 보육원에서 2017년부터 2020년까지, 3년간 접수된 학대 의심 신고가 열 건이나 됐다. 그중 두 건만 아동학대로 판정돼 수사기관으로 넘겨졌는데, 그 내용은 아래와 같았다.

> 2017년 3월 3일. 교사가 아동을 폭행했다는 내용의 신고가 접수됨. 조사 결과, 피해 아동이 문제 행동을 보일 때, 행위자가 폭행 및 폭언을 하여 공포 분위기를 조성한 행위가 확인됨.
> → 징역 1년, 집행유예 2년 판결 완료.
>
> 2020년 3월 5일. 교사가 아동을 폭행했다는 내용의 신고가 접수됨. 조사 결과, 아동을 세게 흔들거나 던지는 등 부적절한 행동을 한 것으로 확인됨.
> → 검찰 송치.

● 출처 : 충청북도 아동보호전문기관(김종대 의원실).

충북희망원에서도 학대 의심 신고 아홉 건 중 두 건만 법원에서 처분을 받았고, 나머지 일곱 건은 별다른 조치 없이 끝이 났었다. '피해 아동이 처벌을 원하지 않는다고 진술'했다는 게 그 이유였다. 교사가 아이에게 '미친년' 등의 욕설을 하며 머리채를 잡아당겼고, 원장이 아이들이 머무는 생활관 문을 발로 차고 들어간 뒤 한 아이를 원장실로 데려가 새벽까지 술판을 벌인 게 확인됐음에도, '피해 아동이 처벌을 원하지 않는다고 진술했음'이라는 간단한 이유로 그냥 넘어갔다. 만일 이때 적절한 처분이 내려졌다면, 아이들이 더 큰 피해를 입는 걸 막을 수 있었을 것이다.

그래서 나는 A 보육원과 관련해 들어온 학대 의심 신고 열 건 중 여덟 건이 '혐의 없음'으로 끝나버린 이유를 알아봐야겠다고 생각했다. 하지만 역시, 자세한 내용을 알려면 당사자나 보호자의 동의가(이 경우, 보육원이 보호자가 된다.) 필요했다. 개인정보 때문이다. 피해자든 혐의자든 특정되지 않도록 개인정보는 가리고 사유만 알려달라고 요청했지만, 역시 그렇게는 되지 않았다.

개인정보라 안 된다는 공무원과 가리고 주면 되지 않느냐는 나. 뫼비우스의 띠 같은 대화가 며칠이나 반복됐고, 한참 뒤 국회를 통해 대략적이나마 '혐의 없음'에 이르게 된 이유들을 알 수 있게 됐다. 예시로 그중 몇 개를 그대로 옮겨오겠다.

교사1이 4년 전까지 화장실에서 반성하게 하는 방법으로 훈육한 적이 있었으나 최근에는 없는 일임을 아동1, 아동2, 교사1을 통해 확인.

4년 전까지 손발을 이용해 체벌하는 상황에 대해서 아동2가 진술하였으나 교사1은 부인하였고 아동2는 체벌 상황과 정도에 대하여 기억이 나지 않는다고 하며 최근에는 체벌하는 일이 없음을 아동1을 통해 확인.

아동3은 전수조사 당시 모든 교사가 말로만 훈육한다고 진술하였고 추가 의심 정황에 대하여 진술하기를 거부하였음. 목 조르고 옷을 잡고 흔드는 상황, 아동을 밀치고 물건을 던진 상황에 대해서는 목격 아동 1명 외 추가 목격자가 없고, 교사2는 행위를 부인하며 당사자인 아동3을 통하여 피해 사실을 확인할 수 없어서 사실관계 확인이 어려움.

아동3은 왜 진술하기를 거부하였을까. 사실이 아니어서? 아니면 사실이어서? 선생님이 목을 조르는 등 폭력을 휘두르는 걸 목격한 아이는 정말 한 명뿐이었을까, 아니면 한 명만 목소리를 낸 것일까. 목소리를 낸 그 아이는 지금 무탈할까. 아동1과 아동2의 '선생님이 과거엔 그랬지만 지금은 안 그런다'는 진술은 사실일까. 해당 보육원에 있는 아이나 그곳에서 퇴소한 보호종료아동에게 직접 무슨 일이 있었는지 들어야 했다. 다행히 나는 '그 보육원 나온 애들을 많이 안다'는 H를 만나게 됐다.

H는 지금 보육원 안에 있는 아이들에게 연락했다가는 자칫 보육원에 들켜 곤란해질 수 있으니 갓 퇴소한 친구들을 연결해주겠다고 했다. H는 나를 꼭 도와주고 싶다며 자기가 아이들을 잘 설득해보겠다고도 했다. 하지만 H의 열의에도, 나는 끝끝내 아무도 만날 수 없었다.

"기자님, 죄송해요. 제가 설득을 좀 해보려 했는데……. 어차피 기자님이 자료를 받아서 내용을 다 알고 있으니까, 제보나 폭로를 하라는 건 아니라고까지 얘기했는데요. 잘 안 됐어요. 해줄 것 같은 친구가 있었는데, 그게…… 최근에 보육원에서 애들 모아놓고 이야기를 했다더라고요."

"이야기요? 뭐라고요?"

"그냥 뭐 좀 다독이고, 바깥에 쓸데없는 얘기 하면 안 좋다 이런 거겠죠. 기자님이 취재하는 걸 누가 말해줬나 싶기도 하고……. 애들이 이제 제 연락도 잘 안 받으려고 해요. 그래서 저도 좀 힘들었거든요. 더 못 도와드릴 것 같아요. 죄송해요."

H의 말을 들으며, 내가 취재한답시고 들쑤시면서 아이들의 삶에 균열을 내고 있다는 생각이 들었다. 어쨌든 내가 취재하는 이유도, 그들의 삶이 더 나아지길 바라서인데, 당사자가 원하지 않

는다면 강요할 수는 없는 노릇이었다.

나는 그저 H에게 "혹시라도, 언제라도 하고 싶은 말이 있거나 도움이 필요하면 연락해달라고 꼭 전해주세요"라고 말한 뒤 전화를 끊었다.

그로부터 한참 뒤, 국회를 통해 정부 기관에 요청했던 자료가 마저 도착했다. 내가 요청한 것은 최근 3년간 전국에 있는 보육원 등 아동복지시설에서 총 몇 건의 아동 학대 의심 신고가 접수됐고, 그중 정식 수사로 이어진 것은 몇 건이나 되는지, 또 의심 신고가 들어왔음에도 수사로 이어지지 않은 사건들은 어떤 이유였는지가 담긴 자료였다. 사실상 전수조사를 요청한 셈이라, 요청한 자료 전부를 받기는 어려울 거라 생각했고, 실제로도 그랬다. 그래도 그중 일부를 공유하자면, 이렇다.

우선, 2019년 보육원 등에서 아동 학대 혹은 성범죄가 일어난 것 같다는 의심 신고는 모두 1,178건 접수됐다. 그중 학대 행위자를 고소·고발해 정식 수사로 이어진 것은 202건뿐이었다. 나머지 사건들이 수사로 이어지지 않은 이유는 무엇인지, 허위 신고로 드러나서였는지, 아니면 신고 내용은 사실이지만 수사기관으로 넘기기엔 가벼운 사건이었는지, 그 이유를 설명한 자료는 오지 않았다. 워낙 사건 건수가 많기 때문에 어쩔 수 없었을 거라고 생각한다.

대신, 2020년 1월부터 3월 사이 학대 의심 신고가 들어와 조사한 결과, 아동 학대로 판정됐으나 행위자를 모니터링하는 데 그 쳤거나 수사 기관에서 내사 종결 혹은 기소 유예한 사건에 대해서는 비교적 자세한 설명 자료를 보내주었다. 모두 일곱 건이었는데, 그중 몇 가지만 소개하겠다.

2020년 3월 19일. ○○○집. 시설 내 교사에 의한 아동 학대가 발생했다는 내용으로 신고 접수. 조사 결과, 2019년 6월 아동 학대로 판단돼 주의 조치를 받았음에도 불구하고 재학대가 지속적으로 발생함. 주먹으로 아동들의 머리 때림, 귀를 잡아당김, 손과 발, 도구(쇠로 된 야구방망이, 플라스틱 빗자루)를 사용하여 체벌. "니들은 니들끼리 먹으니까 맛있냐? 니들은 이제 짤 없다. 너네 다 죽이고 나갈 거다. 내가 수갑 차더라도 너네 다 죽일 거다" 등의 폭언 확인됨.
→ 내사 종결.

2020년 1월 15일. ○○육아원에서 교사가 아동을 학대한다는 내용으로 신고가 접수됨. 조사 결과, 아동의 멱살을 잡고 끌고 가고, 다섯 시간가량 벌세우기, 욕설 등의 학대 행위 확인됨.
→ 처분 : 행위자 모니터링.

2020년 2월 25일. ○○영아원 원장이 아동들이 잠을 잘 때 입에 데이핑을 한다는 내용으로 신고가 접수됨. 조사 결과, 아동들이 입을 벌리고 잔다는 이유로 종이테이프를 붙인 사실 확인함.
→ 처분 : 내사 종결.

2020년 1월 6일. ○○○○○집 교사가 아동들을 정서 학대한다는 내용으로 신고가 접수됨. 조사 결과, 부적절한 문구를 작성한 종이를 아동들의 신체에 붙인 행위, 문제 행동 훈육을 명목으로 아동들을 파출소 앞과 안으로 데리고 간 행위가 확인됨.
→ 기소유예.

아이에게 물건을 던지고 욕설을 하고 폭행한 것이 확인됐지만, 별다른 처벌, 처분 없이 끝났다. 만약 똑같은 일이 보호자가 있는 아동이 다니는 어린이집이나 유치원에서 일어났다면 어땠을까. 당장 학부모들이 들고 일어났을 것이다.

자료를 받아든 날은 잠이 잘 오지 않았다. 쇠로 된 야구방망이로 애들을 때리고, 내가 수갑 차더라도 너희 다 죽일 거라는 협박을 한 교사는 왜 내사 종결됐을까. 충북희망원 때처럼 피해 아동이 처벌을 원하지 않는다고 진술해 공소권 없음으로 처리가 된 걸까. 그 이유가 뭐든 간에 어쨌든 신고가 들어와 조사도 받았으니, 이제 폭력은 사라졌을까. 생각이 꼬리에 꼬리를 물었다.

하지만 이번에도 나는 이 자료 이상의 취재를 해내지 못했다.

해당 보육원과 관련된 아이들을 만나려고 여기저기 들쑤시고 다녔지만, 아무도 나서려 하지 않았다. 그렇게, F의 이야기로 시작된 취재는 끝이 났다.

기자는 기사로 말해야 한다는데, 기사로 내놓을 만큼 단단히 취재하지 못한 내용을 책에 써도 되는 것인지, 나는 꽤 오래 고민했다. 분명 어려운 환경 속에서 마음을 다해 아이들을 돌보고 있는 선생님들도 있는데, 그들까지 싸잡아 의심의 눈초리로 보게 만들까 봐 걱정되기도 했다.

그럼에도 이 이야기를 쓰기로 결정한 것은 세상 어딘가에서 이런 일이 벌어지고 있다는 것을 알릴 필요가 있다고 판단했기 때문이다. 알게 되면, 모르고 있을 땐 그저 스쳐 지나가고 마는 아이들의 작은 SOS 신호를 캐치할 수 있을지도 모르니 말이다. 그리고 무엇보다, 아이들에게 이 말을 하고 싶었다. 혹시라도 도움이 필요하면 언제든지 이야기하라고, 네 생각보다 이 세상엔 너를 도와줄 사람이 많다고.

*내가 이 글을 쓰는 동안, 위에 거론된 보육원 중 한 곳에서 피해자가 목소리를 내주었고, 경찰이 수사에 나섰다.

기적처럼
안아주세요

2020년 10월, 뽀얀 얼굴로 방긋방긋 웃는 모습이 꼭 복숭아 같아 '복숭아'로 불린 아이가 세상을 떠났다. 세상에 온 지 16개월 만이었다. 그 아이의 이름은 정인. 입양된 지 9개월 만에 양부모의 손에 짧은 생을 마감했다. 췌장은 절단돼 있었고, 배 안은 피로 가득 차 부풀어 있었다. 몸 곳곳에선 뼈가 부러지고 다시 붙은 흔적이 발견됐다. 의사들은 "성인도 참기 힘든 고통이었을 것"이라고 입을 모았다. 하지만 정인이는 아프다고 소리 내 울지 않았다. 사망하기 하루 전날에도, 어린이집 CCTV 속 정인이는 그저 무기력하게 벽에 기대앉아 있을 뿐이었다. 고통, 공포, 슬픔, 그 어떠한 감정도 느끼는 것을 포기한 상태, 정인이는 그 상태로 눈을 감았다.

정인이가 세상을 떠나기 다섯 달 전, 경남 창녕에서는 빌라 4층 꼭대기 베란다에 아홉 살 여자아이가 쇠사슬로 목이 묶인 채 감금돼 있었다. 아이의 손에는 심한 물집이 잡혀 있었고, 발도 화상을 입은 상태였다. 부모가 프라이팬으로 손가락을 지지고, 불에 달군 쇠젓가락으로 발을 찌른 것이었다.

목을 죄고 있던 쇠사슬이 풀린 어느 날, 아이는 그 틈을 놓치지 않고 지붕을 탔다. 어른도 넘기 힘들 정도로 가파른 지붕이었다. 떨어지기라도 한다면 크게 다칠 게 분명했으니, 아이로서는 그야말로 목숨을 건 탈출이었다. 잠옷 바람에 맨발로 뛰쳐나온 아이는 이웃 주민에게 발견돼 구조됐다.

두 사건 모두 많은 어른들을 눈물짓게 만들었다. "미안해"라는 말을 토해내게 만들었다. 그런데 궁금하지 않은가. 정인이가 복숭아처럼 방긋 웃는 영상, 누구나 한 번쯤 보았을 그 행복해 보이는 영상은 어디서 찍힌 걸까. 또 창녕의 아이는 어떻게 목숨을 걸고 탈출할 용기를 냈을까. 부모와의 세계가 전부인 아이들은 보통 폭력에 순종하다 집에서 목숨을 잃곤 하는데, 무엇이 아이를 지옥에서 도망치도록 만들었을까.

내가 생각한 공통된 실마리는 '위탁가정'이었다. 위탁가정은 보호자가 없는 아동, 보호자에게 학대를 당한 아동, 보호자가 양육할 능력이 없는 아동 등 보호가 필요한 아동을 일정 기간 맡아 양육하는 가정을 뜻한다. 양부모를 찾거나, 친부모가 다시 양육할 준비를 마칠 때까지 품을 내어주는 것으로, 짧게는 몇 달, 길게는 10여 년을 위탁 양육한다.

정인이는 태어난 지 딱 8일째 되던 날, 위탁가정의 품에 안겼다. 그리고 입양되기 전까지 8개월간 아낌없는 사랑을 받았다.

정인이가 세상을 떠난 뒤 힘겹게 나와의 인터뷰에 응해준 위탁가정은 "정인이는 병원 한번 간 적 없는 아주 건강한 아기였다"고 말했다. 먹성도 좋고 잠투정도 없는, 그야말로 잘 먹고 잘 자는 아기였다고. 똑똑하긴 또 얼마나 똑똑했는지 5개월에 벌써 '주세요'를 했다고 한다. 가족이 퇴근하고 돌아올 때면 현관 앞에 나와 반겨주던 정인이, 잼잼잼잼 노래를 불러주면 방긋방긋 웃던 정인이.

우리가 본 정인이의 천사 같은 웃음은 모두 위탁가정에서 찍힌 모습이었다.

창녕의 아이도 지옥에서 탈출하기 전, 2년을 위탁가정에서 지냈었다. 부모가 경제적 어려움으로 아이를 돌보기 어려워 위탁했다가 형편이 나아지면서 아이가 돌아간 것으로 알려졌다. 그렇게 돌아간 집에서 부모에게 끔찍한 학대를 당하고 온몸이 멍투성이, 물집투성이로 구조된 아이가 제일 먼저 한 말은 "큰아빠네 가고 싶어요"였다고 한다. 여기서 '큰아빠'는 진짜 큰아빠가 아닌 위탁가정을 이야기한 것이었다. 여느 학대 피해 아동과 달리, 아이가 목숨을 걸고 탈출할 수 있었던 것은 '큰아빠네'서 받은 사랑 때문이 아니었을까. 이 지옥 같은 곳에서 탈출할 수만 있다면 다시 행복해질 수 있다는 것을, 사랑받을 수 있다는 것을 알아서, 그 희망이 지붕을 타고 넘어갈 용기를 준 것은 아니었을까(아이는 소망대로 다시 '큰아빠네'로 가게 됐고, 1년 만에 키가 15센티미터나 자랄 정도로 몸도 마음도 많이 치유되었다고 한다).

부모에게 버려진 아이, 학대당한 아이를 마주할 때면 우리 사회는 크게 가슴 아파한다. 하지만 그에 비해 그 아이들이 어디로 보내지는지, 그 뒤의 삶이 어떤지는 그만큼 주목받지 못할 때가 많다. 정인이처럼, 창녕의 아이처럼 보호조치가 필요한 아동은 매년 약 4,000명씩 쏟아진다. 그 많은 아이들은 다 어디로 보내졌을까.

대부분은 수십 명이 집단생활을 하는 '시설'로 보내진다. '가정'

에 위탁되는 경우는 불과 20퍼센트대로, 다른 선진국과 큰 차이를 보인다. 영국은 19세기부터 시설 보호를 제한하기 시작했고, 미국, 호주, 스웨덴 등을 포함해 시설에서 보호하는 아동이 채 10퍼센트도 안 되는 나라가 많다.

'아동을 시설이 아닌 가정에서 보호해야 한다'는 건 이미 세계적 공감대를 얻은 원칙이다. 유엔아동권리협약은 가족과 분리돼 보호가 필요한 아동을 가능한 한 가정과 유사한 환경에서 보호하도록 권고하고 있다. 헤이그 국제아동입양협약 역시 시설 보호는 마지막 수단으로 고려해야 한다고 명시하고 있다.

우리 정부도 1991년 유엔아동권리협약을 비준한 뒤부터 아동보호 체계를 '시설'에서 '가정'으로 옮겨가려 하고 있다. 하지만 변화는 더디기만 하다. 혈연관계가 없는 '남의 자식'에게 품을 내어주는 가정이 늘어나야 하는데, 현재 우리나라엔 이런 일반 위탁가정이 900여 가구뿐이다.●

혈연 중심인 우리 사회에서 '남의 자식'을 '우리의 자식'으로 보고 기꺼이 품을 내어준 그들은 누구고, 그들의 품에서 '우리 아이들의 삶'은 어떻게 변하였을까.

● 출처 : 아동권리보장원.

◆

갓 초등학교에 들어간 A가 세상에서 제일 좋아하는 것은 자동차다. 자동차 구경하는 것을 좋아해 주말이면 고속도로로 나가자고 조를 정도다. 쌩쌩 달리는 차들 중 A가 모르는 차는 없다. 척 보면 어느 회사의 차인지 귀신같이 알아맞힌다. 그런 A가 요즘 푹 빠진 건 자동차 왕국 만들기다. 내가 찾아간 그날도 A는 장난감 차가 지나갈 도로와 터널을 조립하는 데 열중하고 있었다.

A에게 이날은 참 신나는 날이었다. 처음 보는 기자 이모들과 자동차 경주도 하고, 이모들이 가져온 신기하게 생긴 카메라를 만져도 봤다. 그 카메라로 제일 좋아하는 자동차를 직접 찍어보기도 했다. 신나게 논 뒤에는 엄마가 잘라준 시원한 수박을 배가 볼록 불러올 때까지 먹었다.

A는 편안해 보였다. 아이 모습 어디에서도 학대받은 상처는 보이지 않았다. 태어난 지 22개월 만에 위탁가정에 보내졌으니 아픈 기억이 남아 있지 않겠다 싶었다. 하지만 위탁엄마는 아니라며 고개를 저었다.

"기억은 못 해도 무의식 속에 스며 있는 것 같아요. 누군가에게 버림받았다는 생각이 무의식 속에 있는 건지, 저희랑 떨어지는 것을 되게 두려워해요. 작년까지만 해도 친구 집에도 못 놀러 갔어요. 친구네 엄마가 차를 태워 데려가는데 중간에 내려달라고 뛰어내렸대요."

처음 위탁가정에 왔을 때, A는 말하는 것도, 걷는 것도 느린 아이였다. 22개월인데도 '엄마', '주세요' 정도의 말조차 하지 못했다. 울고 떼쓰는 것이 의사소통의 전부였다. 잘 걷지도 못했다. 위탁엄마는 그런 A의 모습을 보며, 이 나이쯤 되면 부모가 아이의 손을 잡고 공원에 데리고 나가거나 하는데 그런 적이 별로 없었나 보구나, 추측했다. 집이 아주 좁거나, 바닥에 장난감이 많아 걷는 연습을 하기 힘든 환경이었을 수도 있겠다고 생각했다.

부족한 부분을 채워주고 싶었던 위탁엄마는 A를 대학병원에 데려가 언어치료를 받게 했다. 치료비가 많이 비쌌지만, 부모로서 당연히 해야 할 일이라고 생각했다. A는 언어치료뿐 아니라 심리치료, 운동치료 등도 일주일에 세 번씩 받았다. 지금도 치료는 꾸준히 받고 있다.

이렇게 사랑을 듬뿍 받은 시간이 그렇지 못한 시간을 압도하는데도, A의 마음 한구석에는 여전히 상처가 남은 듯했다. A는 한시라도 떨어져 있는 것을 견디지 못했다. 아침에 일어났는데 곁에 엄마, 아빠가 없으면 소스라치게 놀라 거실로 뛰쳐나왔다. 음식물 쓰레기를 버리러 가는 몇 분도 못 참았다.

그래도 지금은 그 정도는 아니다. 놀랄 만큼 좋아졌다며 박수를 보내는 사람도 있었다. 그런데도, 위탁엄마는 초등학교 입학을 앞두고 걱정이 이만저만이 아니었다. 아직 또래 수준의 언어를 구사하지 못하는 아이는 친구의 말을 알아듣지 못하면 짜증을 내 곤 했다. 그래서 친구가 많지 않은 편이었는데, 혹시 학교에 들어 가 따돌림을 당하진 않을까 걱정이 된 것이다.

짧은 시간이긴 했지만, 나는 A에게서 전혀 그런 인상을 받지 못 했다. 위탁부모가 사랑을 쏟은 덕분일 것이다. 내가 "저는 A랑 굉 장히 재밌게 놀았는데요?"라고 말하자, 위탁엄마는 환하게 웃었다.

그 기뻐하는 얼굴을 보자 궁금해졌다. 위탁엄마는 어쩌다 위탁 엄마가 됐을까. 내 질문에 그녀는 "얘기하자면 긴데……"라며 입 을 뗐다.

위탁엄마는 어린이집 선생님으로 일했다. 그녀의 반에는 어머 니가 홀로 키우는 세 살짜리 아이가 있었다. 아주 예쁜 아이였다. 그녀는 그 아이와 쉬는 날에도 만날 정도로 가깝게 지냈다. 아이 가 초등학교에 들어간 뒤에도, 예전만큼은 아니어도 연락을 이어 갔다. 그러다 아이가 초등학교 3학년이 됐을 때였다. 아이가 세상 을 떠났다. 어머니가 자살하며 아이의 목숨도 앗아간 것이다. 그 때 그녀는 크게 후회했다. 내가 좀 더 관심을 가졌더라면, 아이를 돌보았더라면 달라졌을까, 하고 후회한 것이다. 후회는 곧 '그런 아이가 더는 없으면 좋겠다'는 바람으로 이어졌고, 그 바람은 그 녀를 위탁엄마로 만들었다.

위탁엄마가 처음으로 맡은 아이는 다섯 살이었다. 아이의 친모 는 우울증이 심해 자녀를 돌볼 여력이 없었다. 위탁엄마는 아이를 사랑으로 품었다. 하지만 2년 뒤 아이는 원래 가정으로 돌아갔다. 아이가 엄마를 무척 그리워했고, 친모 역시 우울증 치료를 받아 아이를 다시 키울 준비가 된 것이었다.

위탁가정은 '원가정 복귀'를 전제로 한 것이기 때문에, 아이가 언젠가 원래 살던 곳으로 돌아갈 거라는 건 알고 있었다. 그래도 서운함이 밀려오는 건 어쩔 수 없었다. 그래서 위탁엄마는 이번엔 오래 돌볼 필요가 있는 아이를 맡으면 좋겠다고 했고, 그렇게 만난 게 지금의 A였다. 메르스가 창궐한 때라 첫 만남이 참 어렵게 성사됐는데, 위탁엄마는 A를 처음 만난 그날이 아직도 눈에 훤하다고 한다.

"가슴이 쿵 하는 기분이었어요. 어머니와 떠났다는 그 아이가 생각났어요. 왠지 그 아이가 제게 다시 온 것 같은 느낌이 들더라고요. 저한테 웃어주기도 하고, 말은 못 하지만 날 쳐다보는 눈이 '엄마'라고 불러주는 것 같았어요. 그래서 '아, 이 아이는 하늘이 내게 보내준 것 같다'고 생각했죠."

그렇게 만난 A 역시 위탁엄마를 끔찍이 사랑한다. 자신의 꿈이 '엄마'라고 할 정도다. 너는 남자라 엄마는 못 되고 아빠만 될 수 있다고 아무리 말해줘도 "나는 엄마 할 거야"라고 한다. 어떨 때는 엄마의 보디가드가 꿈이라고도 하는데, 그럴 때까다 위탁엄마는 정말로 행복하다.

A는 아직 위탁엄마를 낳아준 엄마로 알고 있다. 위탁아동은 친

부모와 만나게끔 돼 있다. 물론 친부모가 상담과 교육을 받은 상태에서 만난다. A 역시 친모를 몇 번 만났지만, 아직 그녀가 누구인지는 잘 알지 못한다.

왜 나는 갓난아기 때 사진이 없느냐, 엄마는 나를 몇 달이나 배 속에 품고 있었느냐 물을 때도 있다. 그럴 때마다 위탁엄마는 웃음으로 때운다. "이 세상에 엄마라고 부를 수 있는 존재는 여럿이 있을 수 있단다. 나중에 커서 결혼을 하게 되면, 아내의 어머니께도 엄마라고 부를 수 있어. 엄마라고 부를 수 있는 사람이 많은 건 좋은 거란다" 하고 말해줄 뿐이다. 언젠가 때가 되면 설명해줄 테지만, 지금은 낳아준 엄마가 따로 있다는 사실을 받아들이기에 너무 어린 나이라고 생각한다.

그래서 위탁엄마는 요즘 마스크도 마음 편히 사지 못했다. 내가 이 인터뷰를 한 2020년에는 정부가 마스크 수급 문제를 해결하기 위해 출생 연도 끝자리에 따라 요일별로 마스크를 사는 요일제를 시행하고 있었다. 부모가 아이의 마스크를 사려면 주민등록등본이 필요했는데, 거기 위탁엄마는 '동거인'이라고 적혀 있었다. A가 '동거인'이라는 글씨를 볼까 봐 늘 조마조마했던 그녀는 한 번 사정을 설명한 약국에서만 마스크를 사야 했다. A를 누구보다 사랑하고 지극정성으로 키우고 있지만, 위탁엄마는 등본에 적힌 대로 그저 '동거인'일 뿐이었다. 그 사실은 위탁엄마를 서럽게 만들었다.

한번은 A가 화장실에서 미끄러졌다. 앞으로 자라나면서 이런 일이 종종 있겠다 싶어 보험을 들어주려 했는데 '친부모가 아니면 안 된다'는 답이 돌아왔다. 그런데 보험사뿐만이 아니었다. 열이 펄펄 나는 아이를 업고 뛰어간 병원에서도, 여행을 좋아하는 아이에게 여권을 만들어주려 찾아간 구청에서도 "친부모가 아니면 안 되는데요"라는 말을 들어야 했다.

그래도 A는 사정이 나은 편이었다. 친부모가 연락을 끊어버리거나 심지어 위탁가정에 맡겨진 아동 몫으로 나오는 기초생활수급비를 가로채는 경우도 많은데, A의 친부모는 그러지 않았으니 말이다.

이렇게 '할 수 있는 것'은 적은 데 비해 '감당해야 하는 것'은 많은 편이다. 위탁아동 대부분은 맨몸으로 맡겨진다. 위탁가정이 받는 경제적 지원은 아이 몫으로 나오는 기초생활수급비와 양육보조금 등이 사실상 전부다.

양육보조금은 매달 지급되는 것으로, 정부는 2020년 위탁아동 연령에 따라 만 7세 미만은 30만 원 이상, 만 7세부터 13세 미만은 40만 원 이상, 만 13세 이상은 50만 원 이상 지급할 것을 권고했다. 하지만 이것은 정부의 '권고'일 뿐, 가정위탁제도 역시 지방이양사업이라 지자체에 따라 지급액이 천차만별이다. 2021년 기준, 제주 한 곳만 권고대로 주고 있다. 위탁아동의 나이와 상관없이 일괄적으로 18만 원만 지급하고 있는 대구를 포함해, 권고보다 훨씬 적은 금액을 주는 지자체가 적지 않았다. 권고대로 준다 해도 한 아이를 키우기엔 충분하지 않은 액수일 텐데, 그마저도 지켜지지 않고 있는 것이다.

또 A 같은 학대 피해 아동, 장애 아동, 2세 미만 영유아 등 특히 세심한 보살핌이 필요한 아동을 위해 '전문아동보호비 100만 원'을 매달 지급할 것 역시 권고하고 있지만, 울산과 경남 두 곳을 제외하곤 권고대로 주는 곳이 없다.

처음 위탁아동을 맞을 때 들어가는 경제적 부담을 덜어주기 위해 아동용품구입비 100만 원을 지급하라고도 권고하고 있으나, 마찬가지로 인천과 울산, 충남, 전북, 경남만 권고를 따르고 있다. •

A의 위탁엄마 역시 양육보조금 20만 원만 받고 있었다. 기초생활수급비도 함께 나온다지만 아이를 키우기엔 부족해 보였다. 그녀 역시 정부에서 나오는 돈만으로 아이를 키우는 건 '불가능'하다고 했다. 나는 '경제적 지원을 더 늘려야 하지 않겠느냐'고 물었다. 위탁엄마는 전혀 예상치 못한 답변을 내놓았다.

"다른 분들 생각은 또 다를 테니 말하기 조심스러운데요, 저는 돈을 많이 주면 아이들이 돈으로 보일까 봐 걱정이거든요. '한 명 하면 얼마 준대' 이렇게 해서 데리고 가면, 위탁가정에서 더 큰 학

• 출처 : 보건복지부. 2021년 기준.

대를 당할지도 모른다는 생각이 들어요."

가장 좋은 것은 경제적 지원을 현실적인 수준으로 끌어올리고 위탁가정에 대한 관리 감독을 강화하는 것이겠지만, 후자가 잘 이뤄지지 않는다면 전자도 해서는 안 된다는 취지였다. 무엇보다 아이를 위하는 마음, 엄마의 마음이었다. 지금도 친모와의 구분을 위해 그녀를 '위탁엄마'로 지칭하고 있지만, 나는 정말이지 기사를 쓸 때 '위탁'이라는 말을 떼버리고 싶었다.

A는 수박으로 볼록해진 배를 두들기며 위탁엄마의 무릎을 베고 누워 있었다. 그런 A를 보며 생각했다. 이 아이가 학대당한 아이로 보이지 않는다면 이 엄마도 그저 동거인으로만 볼 수는 없는 것 아닌가.

"정부가 위탁부모에게 해줬으면 하는 거요? 음, 저는 무엇보다도 우리 위탁부모가 아이를 데리고 있을 때 정말 친부모처럼 보호할 수 있게끔 모든 것을 내어주면 좋지 않을까, 병원에 가서 진료기록부도 마음대로 떼고 여권도 마음대로 만들 수 있게요. 아이가 나를 제2의 고향, 두 번째 엄마라고 생각할 수 있도록 나라에서 도와주셨으면 좋겠어요. 동거인이라는 말도 다른 말로 바꿔주셨으면 좋겠고요. 그 말은 너무 충격적이었어요. 우리 아이가 그걸 보면서 가슴 아파할 것을 생각하니 너무 마음이 아파요."

◆

수십 명이 함께 생활하며 n분의 1의 관심을 받느냐, 아니면 가정에서 오롯한 관심을 받느냐에 따라 아이의 삶은 달라진다. 가끔은 기적 같은 일도 일어난다. 위탁엄마 이정옥 씨의 거실 한가운데에는 커다란 가족사진이 걸려 있다. 그녀는 그 사진만 보면 마음이 든든하다. 보디가드처럼 그녀를 에워싸고 있는 아들 셋 덕분이다. 정옥 씨 부부는 친구 소개로 '위탁가정'을 지원하게 됐다. 외아들이 독립하고 적적하던 차에 부부가 세상에 의미 있는 일을 해보자고 마음을 모은 것이다.

하지만 첫걸음부터 가볍지만은 않았다. 위탁가정이 되기 위한 교육을 받고 기다리던 중 "이 아이를 맡아주면 어떻겠느냐"는 전화를 받았는데, 지적장애를 앓고 있는 아이였던 것이다. 그녀는 한 번도 장애가 있는 아이를 키워본 적이 없었다. 자신이 없던 정옥 씨는 미안하지만 어렵겠다고 말했다.

하지만 몇 달이 지나도, 아이는 마음에 남았다. 정옥 씨는 다시 전화를 걸어 "그 아이는 다른 집으로 잘 갔느냐"고 물었다. 그러자 맡아주겠다는 사람이 없어서 시설로 가게 될 것 같다는 답이 돌아왔다. 그 말에 정옥 씨는 그럼 내가 한번 키워보겠다고 답했다. 아무리 내가 서툴러도 시설보단 우리 집이 낫겠지, 라는 마음이었다. 그렇게 정옥 씨는 둘째 아들, B를 맞이했다.

B와의 삶은 상상했던 것보다 훨씬 더 힘들었다. 나이는 초등학교 3학년이었지만 지적 수준은 다섯 살 어린아이와 같았다. 고개는 끄덕이고 있지만, 말귀는 전혀 알아듣지 못했다. 처음엔 혼내기도 많이 혼냈다. 혼내면 알아듣는 것 같았기 때문이다. 하지만 B를 데리고 매주 심리치료를 다니며, 그곳 선생님이 B와 대화하는 모습을 보며, 그녀는 알게 됐다. B의 마음을 이해해주는 법을. 그 뒤로 그녀는 장애 아동 키우는 법을 교육하는 곳이라면 어디든 달려갔다.

"강의가 열린다면 어디든 쫓아다니면서 배웠어요. 장애 아동은 어떻게 키우나, 하고. 그러면서 우리 애 키울 때하고는 또 다르구나, 생각했죠. 그때부터 우리 둘째의 마음을 좀 들어주고, 아이가 원하는 대로 해줬어요. 그러니까 아이도 말을 하기 시작하더라고요. 처음에는 '네, 아니요, 몰라요' 이 세 마디만 했거든요. 지금요? 아휴, 지금은 말을 너무 잘해요. 누가 무슨 말만 하면 가서 참견하고, 어쩔 때는 좀 민망하다니까요. 하하."

기적 같은 일도 일어났다. 매일 아침 같이 책을 읽고 글을 썼더니 병원에서 절대 오르지 않을 거라고 했던 지능지수가 10이나 올랐다. 의사도 깜짝 놀라며 "이건 기적"이라고 했다. 정옥 씨는 그때 생각만 하면 벅차오르는 듯 한껏 상기된 얼굴이었다.

이렇게 사랑과 관심을 쏟으니, 아이가 누구보다 잘하는 것도 찾아낼 수 있었나. 바로 '역도'였다. 아이는 30킬로그램의 작은 몸으로 자기 몸무게의 두 배, 세 배 되는 역기를 번쩍번쩍 들어 올렸다. 그러더니 나가는 대회마다 금메달을 휩쓸었다. 아이가 이제껏 받은 금메달과 상장을 다 펼쳐놓으려면 책상 하나가 모자랄 정도였다.

'역도왕'답게 이제 고등학교 3학년이 된 B의 방에는 태극마크가 달린 운동복이 가득했다. 침대에는 올림픽 기념 인형이 예쁘게 이불을 덮고 누워 있었는데, B가 촬영하라고 정리를 싹 하고 간 거라고 했다. 이런 B의 사랑스러움은 위탁부모에게 받은 사랑에서 왔을 것이다.

B는 고등학교를 졸업하면 바로 실업팀에 들어갈 예정이다. 벌써 진로가 다 정해진 것이다. 장애 아동의 자립이 얼마나 어려운 것인지 생각해보면, 대단한 일이 아닐 수 없다. 이렇게 키워내기까지 얼마나 많은 고비를 넘어왔을까. 상상이 가질 않았다. 그런데도 정옥 씨는, A의 위탁엄마와 마찬가지로 '동거인'일 뿐이었다.

"잘 키우라는 의무만 있지, 권리가 없어요. 통장 비밀번호 하나 마음대로 못 바꿔요. 우리 애가 비밀번호를 몇 번 잘못 눌렀나 봐요. 그래서 잠겨버린 거예요. 풀어주려고 했더니 안 된대요. 친부모가 아니라서. 보험도 마찬가지고요. 그래서 내가 '키우는 사람이 부모지, 키우지도 못하는 사람이 부모 권리는 다 가지고 있느냐, 우리는 그러면 뭐 키워주고 우리가 해야 될 것만 열심히 해야 되고 권리는 하나도 없지 않냐' 했죠. 그런 게 너무 속상하더라고요. 그래도 키우는 동안에는 부모 노릇을 해야 하는데 인정을 안 해주니까. 뭐 후견인을 해라, 뭐를 해라 그러는데 그것도 쉽지가 않거든요. 조건을 복잡하게 만들어서 안 되게 하더라고요. 애를 데려다 키우면 후견인이지. 저는 다른 것보다 그런 게 제일 속상해요."

A와 달리 B는 친부모와 연락이 끊긴 지 오래다. 연락이라도 닿으면 말이라도 해볼 텐데 연락이 닿지 않으니 통장 비밀번호도 못 바꾼다. 양육보조금도, B는 만 13세 이상이기 때문에 정부의 권고대로라면 50만 원 이상 지급되어야 하지만, 정옥 씨는 20만 원만 받고 있다. 계속 치료를 받아야 하는 장애 아동을 키우기엔 턱없이 부족한 액수다. 하지만 그녀는 "그래도 많이 오른 거예요. 처음엔 12만 원씩 주다가 9년 지나니 20만원 됐잖아요" 하고 웃어넘긴다.

이렇게 지원도 넉넉지 않고 통장 비밀번호 하나 못 바꿔주는 '동거인'일 뿐이지만, 정옥 씨는 2년 전 셋째 아들을 또 맞이했다. '동거인'이 한 아이의 삶을 얼마나 바꿀 수 있는지 경험했기 때문이다. 만약 B가 정옥 씨네가 아닌 수십 명이 함께 생활하는 '시설'로 보내졌다면, 역도왕이 될 수 있었을까. 여기저기 참견하는 사랑스러운 수다쟁이가 될 수 있었을까.

◆

 장애 아동이 머무는 '시설'에 가봤다. 방 안엔 침대도 세 개, 책상도 세 개다. 기숙사 같은 이곳이 아이들의 '집'이다. 열한 살인 C는 왼쪽 팔의 근력이 약해지는 편마비를 앓고 있다. 전혀 심각한 장애가 아니지만, 2010년 태어났을 때부터 평생을 시설에서 보냈다. C는 애교가 아주 많았다. 사람이 그리웠던 건지 나를 보자마자 꼭 안아주었다. 그러더니 자기가 좋아하는 아이돌 가수 사진부터 슬라임, 장난감을 하나씩 꺼내 보여주었다.
 C는 보여주고 싶은 게 많아 마음이 급한 듯했다. 급기야 나에게 침대에 앉아보라고 하더니 책꽂이에서 커다란 앨범 하나를 가져왔다. 갓난아기 때부터 지금까지, C의 평생이 담긴 앨범이었다. C는 내 옆에 앉아 앨범을 넘기며 "저 귀엽죠?"라고 물었다.
 사진 속 C의 곁에는 늘 누군가가 있었다. 갓난아기인 C를 안고 있는 사람, 아장아장 걸어 다니는 C의 옆에 서 있는 사람, C와 같이 밥을 먹고 있는 사람, 모두 시설 선생님인가 싶어 이분들은 누구냐고 물었다. 그러자 C는 모른다고 했다.
 "몰라요, 이분도 모르고, 이분도 모르고, 이분도 모르고. 다 자원봉사자예요."
 평생이 담긴 앨범 속에 아는 얼굴이 없다는 말은 C의 삶을 단적으로 보여주는 것이었다. 아이는 그래도 '가정체험'은 해봤다고 말했다.

"가정체험이 뭐냐고요? 엄마 없는 사람들이 엄마 있는 것처럼 집에서 체험하는 거예요. 한 달에 한 번 하는데, 재밌어요. 집에 가면 강아지도 있고요. 엄마 몰래 아빠랑 라면도 끓여 먹었어요."

한 달에 한 번뿐이지만, 꽤나 즐거운 시간을 보낸 건지 C는 그 집에서 있었던 일을 오래도록 이야기했다. 지금은 코로나 때문에 못 가고 있다는 아이에게, 조심스레 "시설이 아닌 가정에서 살면 어떨 것 같냐"고 물었다. C가 갑자기 소리를 질렀다. "너무 좋죠! 너무너무 진짜진짜 좋죠!"

헤어지기 전 C는 나를 다시 꼭 안아주었다. 처음 만났을 때보다 조금 더 오래. 그런 C를 안타깝게 바라보던 시설 선생님이 조용히 말했다.

"아이가 밤에 자기 이불 덮어주고 꼭 토닥토닥해주고 나가라고 말해요. 그럴 때 너무 안쓰럽죠. 여기 있는 친구들 대부분 다 관심받고 싶어 하고 사랑받고 싶어 하죠. 그런데 저희가 교대 근무를 하다 보니 선생님이 계속 바뀌기도 하고, 아무래도 여러 명이 같이 있으니까 일반 가정집처럼 오롯이 사랑을 주지는 못하잖아요."

B의 경우 정옥 씨의 품에서 지능지수가 오르는 기적도 겪고 어엿한 '역도 선수'로 성장했지만, 시설에서 자라는 C에게는 그런 기적이 일어날 가능성이 낮다. 선생님은 되레 더 나빠질 우려가

있다고 말했다.

"아무래도 시설이라는 특수성 때문에 다양한 친구들이 같이 살다 보니까 안 좋은 점을 먼저 습득하는 경우가 많아요. C는 정말 일반 가정에 위탁돼 사랑 충분히 받고 잘 자라면, 정말 좋은 길로 잘 갈 텐데, 마음이 아프죠."

위탁가정의 품에 안기는 것 자체가 '행운'이지만, B나 C 같은 장애 아동에게는 더더욱 찾아오기 어려운 행운이기도 하다. B처럼 위탁가정에 안긴 장애 아동은 전국에 예순한 명뿐이었다.● 장애 아동을 맡아줄 위탁가정을 발굴하지 못한 탓이다. 전문가들은 위탁가정의 '희생과 선의'에 기대는 수준인, 턱없이 부족한 지원을 가장 큰 걸림돌로 꼽았다.

한국장애인개발원 서해정 부연구위원은 장애 아동 위탁부모 열 명을 직접 만나 인터뷰했다. 장애 아동은 치료와 특수교육 등이 필요하기 때문에 양육 부담이 훨씬 큰데도, 그녀가 만난 장애 아동의 위탁부모들은 모두 일반 위탁아동과 마찬가지로 20만 원 수준의 양육보조금을 받고 있었다. 앞서 설명했듯 장애 아동, 학대 피해 아동 등을 돌보는 '전문위탁가정'에는 매달 100만 원의 전문아동보호비를 추가로 지원하라고 정부가 권고하고 있지만

● 출처 : 아동권리보장원. 2019년 기준.

잘 지켜지지 않고 있는 것이다.

서해정 부연구위원이 만난 위탁부모들은 내가 만난 위탁부모와 마찬가지로 '경제적 지원이 부족해 힘들다'는 말은 하지 않았다고 한다.

"돈 때문에 하는 게 아니라고 하시더라고요. 그런 게 아니라는 걸 당연히 알죠. 그래도 저는 지원이 필요하다고 봅니다. 장애 아동이 아프거나 하면 경제적으로 굉장히 힘들 수밖에 없는데, 계속 봉사하겠다는 마음으로 하겠다? 저는 그건 아니라고 생각해요. 그리고 지금 가장 중요한 게 위탁가정을 발굴하는 건데, 이런 수준의 지원으로는 절대 발굴할 수가 없어요. 장애 아동도 가정에서 사랑과 관심을 받고 자라다 보면 자기에게 맞는 진로를 찾아서 취업도 하고 충분히 자립할 수 있다고 보거든요. 그러니 경제적 지원을 좀 늘려서 위탁가정을 늘리는 것이 결과적으로는 더 큰 사회적 비용을 막는 거예요."

◆

나는 2020년과 2021년에 각각 한 번씩 위탁가정에 대해 보도했다. 2020년에는 전반적인 위탁가정에 대해 썼고, 2021년에는 조금 더 범위를 좁혀 장애 아동 위탁가정에 대해 보도했다. 나의 보도 취지는 두 번 모두 같았다. 더 많은 아이들이 위탁가정의 품에 안길 수 있도록 하는 것이었다. 그러려면 장기적으로는 위탁가정제도가 더 보완될 수 있도록 현재의 문제점을 지적해야 했다. 하지만 기사를 본 시청자들이 '위탁가정 아무나 하는 거 아니네. 지원이 전혀 없잖아'라고 생각하면 어떡하나 걱정되기도 했다. 그리고 그 걱정은 책을 쓰는 지금도 마찬가지다.

그래서 이 점은 꼭 밝혀두고 싶다. 위탁가정에 대한 지원책은 점점 보완되고 있다. 정부는 2024년까지 가정에 위탁되는 아동 비율을 37퍼센트로 끌어올리겠다는 구체적인 목표를 세우고, 이 글에서 언급한 문제점들을 고쳐나가고 있다. 장애 아동, 학대 피해 아동, 2세 미만 영유아 등을 위해 지급되는 '전문아동보호비 100만 원'은 2022년부터 국비로 지급된다. 지자체에 '권고'하는 데 그치는 것이 아니라 정부가 직접 지원에 나서면서 어디에 사느냐에 따라 누구는 받고 누구는 못 받고 했던 문제가 사라지는 것이다.

그리고 마지막으로 위탁부모들이 '위탁가정 홍보대사'를 자처하며 했던 말도 전하고 싶다.

"아이가 주는 행복이 정말 커요. 힘들어하는 아이들 한 명씩 내가 책임져서, 사회에 큰 나무 한 그루 심는다 생각하면 어떨까요?" (A의 위탁엄마)

"내 아이는 아니지만 내가 키우면 내 아이가 되더라고요. 처음에는 저도 정이 붙을까 했는데, 정작 데려다가 키우니까 내 아이예요. 우리 큰아이는 다 커서 나갔으니까 오히려 내 아이 같지 않아. 오면 손님 같아요. 지금 데리고 사는 아이들이 내 아이지. 아이들 때문에 웃고 얘기하고 심심할 새가 없어요. 우리 셋째는 저를 큰엄마라고 부르는데, 만날 큰엄마가 세상에서 제일 예쁘대요. 제가 어디 가서 예쁘다는 말을 들어보겠어요, 글쎄." (B의 위탁엄마 이정옥 씨)

보호가 필요한 아이들의 위탁부모가 돼주고 싶은 분은 가까운 주민센터나 가정위탁지원센터(1577-1406)로 문의하시면 된다.

우리 빨리
만나자

활짝 열려 있던 그 문이 지금도 생생하다. 오래된 빌라가 대부분 그러하듯 군데군데 칠이 벗겨진 문. 휘어진 노루발이 위태롭게 문을 받치고 있었다.

"들어오세요. 조금 멀죠?"

인기척을 들으셨는지 아버지가 현관 앞에서 우리를 기다리고 있었다. 하얗게 센 머리카락. 까맣게 그을린 얼굴에는 군데군데 깊은 주름살이 패어 있었다. 마지막으로 들어온 피디가 문을 닫으려 하자 아버지는 담담하게 한마디를 툭 던졌다.

"놔두세요, 늘 열어두고 있으니까."

이유는 묻지 않아도 알 것 같았다. 30년 전 딸을 잃어버린 그날부터 아버지는 언제나 문을 열어둔 채 딸을 기다리고 있었을 것이다.

"우리 딸 이름은 정유리. 초등학교 6학년이던 1991년 8월 5일, 안산시 단원구 원곡성당 근처 놀이터에서 사촌 동생들이랑 놀다가 실종됐어요. 그날은 우리 유리가 여름방학이라고 할머니랑 같이 엄마, 아빠 보러 올라온 지 딱 닷새 되던 날이었어요. 안산으로 올라올 때 맏딸인 유리만 할머니 댁에 두고 왔었거든요. 그러니까, 정말 오랜만에 올라와서 사촌 동생들이랑 논다고 나간 건데, 애들이 갑자기 막 뛰어 들어와요. 어떤 아저씨하고 아줌마가 언니를 데려갔대. 바로 나가보니 아닌 게 아니라 정말 우리 유리가 없어요. 유리가 놀던 놀이터 옆이 8차선 도로였거든요? 지금은 그게 허용이 안 되지만, 그때만 해도 도로 사이사이에 잔디 난 곳이 있으면 사람들이 거기 텐트를 쳤어요. 그때가 휴가철이었거든요. 여름휴가 못 간 사람들이 텐트 치고 쉬고 있었어요. 남의 텐트를 '유리야! 유리야!' 불러가며 홱홱 젖혔는데, 없는 거예요. 그래서 파출소로 뛰어갔죠, 우리 애 좀 찾아달라고. 도로 차단해서 검문해달라고까지 했는데, 다음 날 아침에 가보니 교대한 경찰관들은 유리가 없어졌다는 사실조차 모르더라고요. 오죽하면 내가 경찰들 다 고소하려 했게요. 자, 이게 우리 유리가 사라지기 전, 마지막으로 찍은 사진이에요. 마지막 사진."

단발머리를 단정하게 반으로 묶은 채 싱긋 웃고 있는 소녀, 유리였다. 너무 자주 꺼내본 탓인지 사진 가장자리는 모두 벗겨져 있었다. 나는 조심스레 사진을 들어 올리고 유리의 얼굴을 자세히 들여다보았다. 숱이 많고 짙은 눈썹. 아버지의 것과 똑같았다.

"유리가 실종되기 몇 주 전에 외가 식구들이 모처럼 모였거든요. 그때 외삼촌이 찍어준 거예요." 사진을 빤히 들여다보고 있는 나를 향해 아버지가 말했다. 사진 속 유리가 행복해 보인 이유가 거기 있었구나 싶었다. 어쩐지 서글펐다. 행복한 순간을 영원히 간직하고자 찍은 사진이 30년 넘도록 '우리 아이를 제발 찾아달라'는 간절한 문구와 함께 전단지에 담기고 있다니.

아버지는 그 순간부터 내리 세 시간을 이야기했다. 반은 미치고 반은 죽은 것처럼 살아온 30년의 세월을 한 가닥, 한 가닥 꺼내놓았다.

유리가 사라진 그해에는 아이들이 실종되는 일이 많았다. 그나마 유리는 '납치됐다'는 증언이 있었기 때문에 단순 실종으로 처리되지 않고 수사본부가 차려졌다. 당시 아버지가 살던 집은 지하방이라 통신기기도 설치할 수 없었다. 딱한 사정에, 동네 통장이 집을 내어줘 거기에 수사본부를 차렸다. 이런 형편에 유리의 몸값을 치를 큰돈을 마련할 리 만무했지만, 경찰은 납치범의 전화가 걸려오면 무조건 돈은 들고 있으니 어디서 만날지 물으라고 했다. 부부는 고개를 세차게 끄덕였다. 하루하루 몸값을 요구하는 전화가 걸려오기만을 간절히 기다렸다. 하지만 납치범의 전화는 끝내 걸려오지 않았다.

수사본부가 철수하던 밤, 부부는 아득해졌다. 아버지는 동네 길바닥을 데굴데굴 구르며 "왜 우리 딸 안 찾아주느냐"고 소리를 질렀다. 동네 사람들은 저 사람 저러다 미치는 거 아니냐며 수군거렸다.

부부는 누구도 믿지 못하게 됐다. '이 사람이 우리 유리를 데려간 거 아닐까? 저 사람이 거짓말하고 있는 건 아닐까? 유리가 실종된 놀이터 코앞에 있던 가게 주인은 왜 아무것도 못 봤다고 할까? 저 집은 왜 갑자기 이사를 가지?' 정말 아무도 믿을 수 없었다.

아버지는 "유리 닮은 애를 본 것 같은데"라는 말만 들으면 어디든 달려갔다. 대부분은 유리가 아니길 바랄 만한 곳들이었다. "유리 닮은 애가 청량리역에서 껌을 팔고 있더라." "유리 닮은 애를 사창가에서 봤다." "저기 화물차 기사가 하룻밤 보냈다던 애가 사진 속 이 여자애 같은데……." 게다가 그 시기에는 화성연쇄살인 사건도 있었다. 아버지는 안산의 야산이란 야산은 다 헤집고 다녔다. 유리를 찾아 헤매면서도 유리가 없길 바란 나날이었다.

당연히 잠을 제대로 이룰 수 없었다. 눈을 감으면 유리가 떠올랐다. "아빠, 엄마, 저는 괜찮아요. 할머니 댁에 남을게요. 동생들만 데려가세요. 중학교 올라갈 때, 그때 저도 올라갈게요." 유리가 듬직하게 말했던 날, 우리 맏딸이 다 컸구나 행복해하지만 말고, 안산으로 데려왔었더라면, 끼고 살았더라면, 후회는 꼬리에 꼬리를 물었다. 현관 옆에 덩그러니 남아 있는 유리의 샌들을 가만히 보고 있자면 유리가 금방이라도 "엄마! 아빠!" 소리치며 문을 열고 들어올 것만 같아 문을 닫을 수도 없었다.

지푸라기라도 잡는 심정으로 석 달 월세에 해당하는 거금을 들고 용하다는 무당을 찾아갔다. 무당은 옷가지를 태워야 아이가 돌아온다고 했다. 그 말에 유리의 손때가 묻은 모든 것을 홀라당 태워버렸지만, 그리운 유리의 흔적만 제 손으로 없앴을 뿐 유리는 돌아오지 않았다.

부부를 그나마 버티게 한 건 유리의 동생들이었다. 남은 자식들은 유일한 희망이자 버거운 책임이었다. 어머니는 눈물을 훔치고 정신을 차렸다. 아버지 역시 일터로 돌아갔다. 남은 자식을 지켜야 했고, 밥벌이를 해야만 했다. 어느덧 유리의 동생은 고등학생 자녀를 둔 엄마가 되었다. 하지만 유리는 여전히 그 모습 그대로다. 눈썹이 진한 단발머리 소녀의 모습 그대로.

인터뷰를 할 때면 중간중간 반드시 '끼어들어야'만 하는 순간들이 찾아온다. 적절한 타이밍에 질문을 던져 방향을 잡아주거나, 인터뷰 대상자가 미처 말하고 있지 않은 내용을 이끌어내야 한다. 그렇지 않으면 인터뷰라는 배는 방향을 잃고 산으로 가버리기 때문이다. 능숙한 인터뷰어일수록 끼어드는 데 능수능란하다.

하지만 나는 그날 인터뷰어로서는 '빵점'이었다. 아버지가 쏟아내는 30년의 세월, 깊이를 가늠할 수조차 없는 그 상실감 앞에서 나는 감히 입을 뗄 수 없었다. 잠자코 듣고 있을 수밖에 없었다.

그렇게 세 시간이 지나자 처음에는 텅 비어 있던 방바닥이 유리의 사진들로 가득해졌다. 아버지는 어느 순간 말을 멈추었다. 그러고는 사진들을 하나씩 쓰다듬었다. 사진에 쓰다듬는다는 표현이 적절한지 모르겠으나 그 말 외에는 설명하기 힘든 몸짓이었다.

"유리야, 어디 있냐? 우리 빨리 만나자. 엄마, 아빠 속 그만 썩이고······."

깊게 팬 주름을 타고 눈물이 흘러내렸다. 나는 어떠한 위로의 말도 건네지 못한 채, 눈물이 멎기만을 기다렸다. 그 시간이 영겁처럼 길게만 느껴지던 차, 아버지가 벌떡 일어섰다.

"더 물어볼 거 없죠? 이제 그만 전단지 나눠주러 갑시다."

◆

아버지는 출근 시간을 피해 지하철에 올라탄다. 어디로 가야 유리를 만날 수 있을지, 어느 날은 동쪽으로 어느 날은 서쪽으로, 지하철을 타고 정처 없이 떠돌며 전단지를 나눠준다. 그러다 퇴근 시간이 다가오면 다시 안산행 열차를 탄다. 복장은 늘 같다. 유리의 얼굴이 크게 새겨진 노란색 조끼, 전단지가 가득 담긴 검정 가방이다. 전단지로 묵직해진 가방을 메고 집 앞 골목을 빠져나오자 넓은 도로가 나왔다. 30년 전, 유리의 이름을 목이 터져라 외치며 남의 텐트를 헤집고 다녔다던 바로 그 8차선 도로였다. 아버지는 고개를 왼쪽으로 돌려 고층 아파트가 빽빽이 들어서 있는 아파트 단지를 가리켰다.

"저기가 유리가 실종된 곳이에요. 이제는 저렇게 아파트가 들어서 있지만."

볼 때마다 가슴이 천 갈래 만 갈래 찢겨나가는 것 같지만 혹시나 유리가 돌아올지도 몰라 아버지는 이 동네를 떠나지 못하고 있다.

가방이 빵빵해지도록 전단지를 가져왔지만, 한 장도 돌릴 수 없었다. 열차 안에서 전단지를 나눠주는 건 불법이라고 역무원이 막아선 것이다.

"매번 이런다고요. 늙은 아비가 잃어버린 딸 좀 찾겠다는

데……."

아버지는 울분을 터뜨리면서도 어딘가 풀이 죽은 모습이었다. 나는 실종된 딸을 찾으려 전단지를 나눠주는 것도 불법이라고 막아설 줄 몰랐기 때문에 당황했다. 하지만 아버지에겐 익숙한 일이었다. 늘 이렇게 열차 안에서 쫓겨난다고 했다.

그런데도 아버지가 지하철을 포기할 수 없는 이유는 있었다. 길거리에서 나눠줄 때보다 훨씬 더 많은 사람이 유리의 얼굴을 유심히 봐주기 때문이다. 30년간 전단지를 나누며 터득한 나름의 노하우였다. 길에서 나눠줘봤자, 갈 길 바쁜 사람들이 잘 받아주지도 않을뿐더러, 어쩌다 받더라도 보지 않고 버리기 일쑤였다. 하지만 열차 안에서는 달랐다. 이왕 가는 길, '이게 뭐지?' 하고 유심히 봐줬다. 그러니 잡상인처럼 쫓겨나도 바득바득 열차에 오를 수밖에.

"매일 열차를 탈 때마다 유리가 받는 상상을 하면서 전단지를 돌려요. 전단지를 받아 든 여자가 '아빠' 하고서 '나 유리야'라고 하면……."

상상만으로도 벅차오르는지 아버지는 한참 동안 말을 잇지 못했다. 나는 기다렸다. 아버지는 가까스로 눈물을 삼키고는 한숨처럼 말을 내뱉었다.

"유리를 데려간 사람이라도 마주쳤으면 좋겠어요. 그때 그 아비가 이렇게 머리가 하얗게 셀 때까지 아이를 찾아다니고 있었구나, 하고 우리 유리가 어디 있는지 말해줄 수도 있는 것이고."

한참 이야기를 하던 아버지가 말을 멈추고 차창 밖을 바라보았다. 유리가 실종된 자리가 내려다보였다. 도무지 놀이터가 있던 곳이라고는 상상할 수 없는 고층 아파트 단지. 아버지는 잔인했던 그때 그곳을 바라보는 것 같았다.

많은 사람들이 아버지에게 이제 그만 포기하라고 했다. 살아 있으면 왜 안 찾아왔겠냐고, 기억이 없을 정도로 어린 나이에 실종된 것도 아니지 않느냐고. 그럴 때마다 아버지는 화를 내며 고개를 내저었다.

"그런데 저는 우리 유리가 저 하늘의 별이 되지는 않았을 거라고 믿어요."

저 하늘의 별. 아름다운 표현이었다. 유리를 거론하며 차마 죽음이라는 단어를 입에 올리고 싶지 않아 고르고 골라 꺼낸 말 같았다. 나는 아버지에게 물었다.

"아버님은 왜 그렇게 믿으세요?"

"그냥…… 그냥 알아요. 알 수 있어요."

이제 그만 놓아주어라, 가슴에 묻어라, 이런 말을 한 사람들도 악의가 있었던 건 아닐 것이다. 전단지를 나눠주다 열차에서 쫓겨나고, 장난 전화를 받기도 하고, 전단지를 획 버리거나 밟고 지나가는 사람도 있으니, 받지 않아도 될 상처까지 받는 상황이 안타까웠을 것이다.

사실 아버지는 이미 DNA를 채취해 정부에 맡겨두었기 때문에, 직접 찾아 나서지 않고 기다리기만 해도 어떤 계기로든지 유리의 DNA가 채취되기만 하면 바로 대조해 찾을 수 있다. 30년 만에, 40년 만에 상봉한 가족들 대부분 이렇게 만났다. 아버지도 잘 알지만, 그럼에도 이렇게 계속 전단지를 돌릴 수밖에 없는 이유가 있었다.

"몇십 년 만에 아이를 찾고 보면, 대부분 부모가 버린 줄 알아요. 그게 아닌데. 부모는 입양 보낸 줄도 모르고 찾아 헤맸는데. 우리 유리도, 언젠가 만날 거 아닙니까. 여기가 아니더라도 하늘나라에서라도 만날 거잖아요. 그럼 그때 꼭 말해주고 싶어요. 아빠가 이렇게 너 찾아다녔다고……."

인터뷰를 마치고 차에 오르는데, 아버지가 뛰어왔다. 손에는 음료수가 담긴 종이컵이 들려 있었다.

"이걸로 목이라도 축이고 가세요. 우리 유리 좀 잘 부탁해요. 전단지 백날 돌려봐야, 이렇게 방송 한 번 나가는 게 백배는 낫죠."

마음이 무거웠다. 나는 아버지가 그간 꽤 많은, 아니 나갈 수 있는 거의 모든 방송에 나갔다는 것을 알고 있었다. 그런데 내 기사 하나 더한다고 기적이 일어날까? 당연히 그러길 바라지만 확률은 극히 낮을 터였다. 그런데도 내가 이렇게 홀짝홀짝 음료수를 받아 마실 자격이 있을까. 오히려 별 도움 안 되리란 걸 알면서도, 가정의 달 5월이랍시고 찾아와 괜히 아픈 기억만 들쑤시고, 이젠

다 말라버렸다던 눈물만 터져 나오게 한 거 아닐까.

"아버님, 저희가 도움이 되어야 할 텐데…… 못 될까 봐 걱정이네요. 기사 많이들 보도록 꼭 잘 쓸게요." 죄책감을 덜어내려는 본능이 발동한 건지, 입 밖으로 이런 말이 튀어나왔다. 그러자 아버지는 기다렸다는 듯 무언가를 불쑥 내밀었다. 전단지 뭉텅이였다.

"그럼 이것 좀 들고 가서 사는 동네에 좀 붙여줘요. 아파트나 주민센터나 붙일 수 있는 데 다 좀 붙여줘요."

묵직했다. 100장은 족히 될 것 같았다. '이 많은 걸 어디에 다 붙이지?' 하는 걱정이 들었지만, 한편으로는 전단지의 무게, 딱 그만큼 무거웠던 마음이 가벼워지는 것도 같았다.

◆

기사를 내보냈다. 반응이 좋았다. 양대 포털 사이트 메인에도 걸렸다. 더 많은 사람이 봐줄수록 유리에게 한 걸음 더 다가가는 것 같았다. 아버지의 오랜 상처를 들쑤셨다는 죄책감도 조금은 덜어졌다.

기자들은 보통 기사를 내보내고 나면 '털었다'는 표현을 쓴다. 취재한 내용을 남김없이 다 털어냈으니 이제 이 건은 그만 뒤로 하고 새로운 취재를 시작한다는 의미(라고 나는 생각한)다. 손을 턴다고 하니 어딘가 냉정한 느낌도 들지만, 오늘의 기사를 털어내지 않으면 내일의 기사를 쓰기 어려운 법이다.

하지만 유리는 한 달이 지나도 두 달이 지나도 털어지지 않았다. 문득문득 열려 있는 그 낡은 문이 생각났다. 그럴 때면 시청자 제보 게시판을 열어 혹시 유리와 관련한 제보가 있는지 뒤적거리곤 했다.

그러다 꼭 1년 만에 어린이날을 앞두고 다시 아버지를 만났다. 이번에는 어린이대공원 앞에서였다. 보통 한번 다룬 주제는 또 다루지 않는 게 업계 불문율이다. 그것도 똑같은 주제로 똑같은 사람을 인터뷰하는 경우는 없다. 뉴스 시간은 한정돼 있으니 되도록 다양한 이야기를 전하려는 거다. 어떻게 보면 공평성의 문제기도 하다. 그래도 나는 다시 한번 유리의 이름을 불러보고 싶었다. 어떤 주제를 다룰지 자율성을 상당 부분 보장해주는 앵커 코너라 가능한 일이기도 했다.

약속 시간에서 한 시간쯤 지났을까. 저 멀리 지하철역 출구에서 잰걸음으로 내려오는 아버지가 보였다. 유리 얼굴이 담긴 노란 조끼, 전단지가 들어 있을 뚱뚱한 가방, 손에 들린 전단지. 1년 전과 똑같은 차림이었다.

"아이고, 미안합니다. 전단지를 나눠주면서 오다가 내릴 차례를 한참 놓쳐버렸어."

딱 한 번 만난 사이, 그것도 1년 만에 보는 건데도 잘 아는 사람을 만난 것처럼 반가웠다. 문득문득 아버지를 떠올렸던 시간이 생각보다 꽤 쌓여 있었던 모양이다.

못 본 사이 아버지는 조금 노쇠한 듯했다. 유리와 닮은 짙은 눈썹도 어딘가 모르게 빛이 바래 있었다. 하얗게 센 눈썹을 하고 전단지를 돌리느라 늦었다는 아버지를 보자, 불문율을 깨고 다시 만나길 잘했다는 생각이 들었다. 어린이대공원에서 만난 것은 어린이날이면 이곳에 와보곤 한다는 아버지의 말이 떠올라서였다.

아버지에게 어린이대공원은 먹고살기 빠듯해 한 번을 데려와 주지 못한 후회 서린 곳이다. 유리의 고사리 같은 손을 잡고 왔었다면 좋았을 이곳에, 아버지는 유리의 손 대신 전단지를 꼭 쥔 채 매년 어린이날마다 오고 있다. 이제는 엄마가 됐을 유리가 어린 자식의 손을 잡고 오진 않을까 기대하면서.

전단지를 나눠주는 아버지의 시선이 자꾸만 아래로 내려갔다. 유리를 닮은 어른이 아니라, 유리를 닮은 아이를 눈으로 좇는 것이다. 아무리 성인이 된 유리의 몽타주를 들여다봐도, 아버지 마음속 유리는 여전히 과거의 단발머리 소녀였다. 그 모습을 보니, 나도 자꾸만 마음속으로 묻게 됐다. 유리야, 너 정말 어디 있니.

지난 1년 사이, 유리와 아버지에 대해 생각할 때마다 한 가지 깊이 후회한 게 있었다. 지난해 만났을 때 아버지는 이런 말을 했다.

"명동에 한번 가보고 싶어요. 우리 유리가 명동에서 애 낳고 잘 살고 있다고 그러더라고요. 네? 누가 그러냐고요? 우리 같은 실종자 가족 중에 기도하다가 언니를 찾은 사람이 있어요. 기도하는

데 언니가 여기 있다 해서 가봤더니 진짜 있었다는 거야. 삼십몇 년 만에 찾았어요. 그 사람한테 몇몇 부모들이 우리 애도 봐달라고 했는데, 다른 애들은 안 보인대. 근데 우리 유리는 보인다는 거예요. 유리가 명동에서 애 낳고 잘 살고 있대요. 집 앞까지 왔었는데 아빠한테 혼날까 봐 문을 못 두드리고 돌아갔었다는 거야. 네? 아니요. 무당은 아니고, 그냥 기도했대요. 그런데 다른 애들은 안 보이는데 우리 유리는 보인다고 하니까."

그때 나는 뭐라고 대꾸해야 할지 몰랐다. 나는 이제껏 사실을 좇고 합리적으로 판단해야 한다고 배웠고, 그렇게 하려 노력해왔다. 그런데 직접 본 것도 아니고 기도하다 보였다니. 게다가 명동이라니. 이렇게 찾아 헤맸는데 엎어지면 코 닿을 거리에서 자식까지 낳고 잘 살고 있다는 건 미신처럼 들렸다. 나는 듣지 말아야 할 걸 들은 사람처럼 말을 돌려버렸다.

그런데 1년이 흐르는 사이, 그때 내가 너무 기자답게만 행동하려 했던 건 아닌지, 아버지의 입장을 이해하려는 노력이 부족했던 건 아닌지 생각하게 됐다. 매일 딸을 찾는 전단지를 들고 열차에 오를 때마다 정말 막막했을 것이다. 4호선을 쭉 타고 갈지, 아니면 오늘은 중간에 2호선으로 갈아타 강남으로 가볼지, 방향이라도 알려달라고 하늘에 소리치고 싶었을 것이다. 30년이 흐르며 제보도 뚝 끊겼는데, '명동 소식'은 단비 같은 제보 아니었을까. 유리 닮은 아이를 본 것도, 유리와 나이나 실종 시기가 겹치는 누군가를 찾은 것도 아니지만, 아버지에게는 분명 그 말도 '제보'였을 거다.

그래서 이번에는 명동도 가보기로 했다. 아버지는 명동에 꼭 가보고 싶다고 말했었는데, 지난 1년 동안 한 번도 가보지 않았다고 했다. 어쩌면 아버지에게 명동은 마지막까지 아껴두고 먹지 않은 소중한 초콜릿 같은 것일지도 모른다는 생각이 들었다.

유리는 명동15번길에서 보였다고 했다. 하지만 명동15번길은 없었다. 명동길 15와 명동 15만 존재했다. 둘 중 어디로 가야 할까. 나는 꽤 오랫동안 멈춰 서서 어느 쪽일지 고민했지만 결국 어느 쪽이든 상관없겠다는 생각이 들었다. 우리는 명동에서 유동인구가 가장 많은 명동성당 쪽으로 갔다. 그리고 거기서 유리는 만나지 못했지만, 노신사의 얼굴을 한 '희망'을 만났다.

"아이고, 꼭 찾으실 수 있을 겁니다. 저도 43년 만에 잃어버린 가족을 찾은 사람이에요."

명동 바닥에서 30년 전 딸을 잃어버린 아버지가 43년 만에 가족을 찾은 사람에게 딸을 찾는 전단지를 줄 확률은 얼마나 될까.

"저도 일곱 살 때 친척 집 가는 버스에서 깜빡 졸다 가족을 잃어버렸어요. 보육원에서 자라면서 가족 찾으려고 무지하게 노력했는데, 다 커서 TV 방송 나왔다가 찾았어요. 아버님도 희망을 가지세요. 나 같은 사람도 있으니까. 잘될 거예요."

그 말에 아버지 눈에서 왈칵 눈물이 쏟아졌다. 노신사의 위로

롤 뒤로하고 전단지를 나눠주는 내내, 아버지의 눈시울에는 눈물이 어려 있었다. 내가 휴지를 건네자 아버지는 눈물을 닦으며 말했다.

"저렇게 찾잖아요. 아까 그분도 43년 만에 가족을 찾았다고 하잖아요. 그러니까 끈을 놓지 않으면 나도 찾을 수 있다는 거잖아요. 그런데 난 아직까지 못 만나고 있으니까……."

사람들은 기적이 일어나지 않고서야 어떻게 수십 년 만에 상봉할 수 있겠느냐고 쉬이 생각한다. 하지만 잃어버린 자식과 수십 년 만에 재회하는 기적은 매년 일어난다. 외국으로 입양 간 아이가 어른이 돼서 뿌리를 찾고 싶다며 DNA를 채취했다가, 입양 간 줄도 모르고 평생을 찾아 헤매온 친부모를 만나고는 한다. 편의점에서 물건을 사러 온 손님이 실종 아동 찾기 캠페인의 일환으로 계산대 모니터에 띄워놓은 사진을 보고 '왜 내 어릴 때 사진이 여기 있지?' 하다 20년 만에 부모를 만나기도 한다. 그러니 '다음엔 내 차례 아닐까' 하는 기대를 저버릴 수 없는 것이다.

"아가, 우리 빨리 만나자. 아빠 눈에서 눈물 좀 그만 빼고. 이제 기력이 달려서 몇 년이나 찾아다닐 수 있을지 모르겠다."

결국 아버지는 주저앉았다. 두 번째 촬영은 그렇게 끝이 났다. "여기까지 하자"며 사람들 사이로 사라지는 아버지의 구부정한 뒷모습을 바라보며 나는 묻지 않을 수 없었다. 내가 마주친 건 노신사의 얼굴을 한 희망이었을까, 아니면 절망이었을까.

◆

우리나라 실종 아동은 944명이다. 이 중 유리처럼 10년이 넘도록 집으로 돌아오지 못한 장기 실종 아동은 823명이나 된다.● 그 부모들은 모두 각자의 방식으로 아이를 찾고 있다.

서울 시내에서 한 번쯤은 '실종된 송혜희를 찾아주세요'라고 적힌 현수막을 보았을 것이다. 아버지 송길용 씨가 내건 것이다. 1999년 2월 13일 밤 10시쯤, 당시 고등학교 2학년이던 혜희는 귀갓길 버스를 타고 경기도 평택시 도일동 하리 입구에서 내린 뒤 실종됐다. 20여 년이 지났지만 혜희를 찾는 현수막이 늘 깨끗한 것은 아버지가 계속해서 고쳐 달고 있기 때문이다.

2000년 4월 4일, 서울 중랑구 망우1동 염광아파트 놀이터에서 실종된 최준원의 아버지, 최용진 씨도 여전히 딸을 찾는 스티커를 붙이고 다닌다. 준원이가 꼭 보길 바라는 마음으로, 딸의 실종을 다룬 다큐멘터리 영화 〈증발〉에도 출연했다. 준원이는 아파트 단지 놀이터에서 놀다가 실종됐다. 단지 내 놀이터였던 만큼 목격자도 적지 않았다. 놀이터 벤치에서 소주를 먹고 있던 한 남성이 준원이가 탄 그네를 밀어줬다. 준원이가 그 남자를 따라가는

● 출처 : 경찰청. 2021년 기준.

것을 봤다는 증언도 잇따랐다. 아버지는 그 남자가 마신 걸로 추정되는 소주병의 유리 조각을 여전히 간직하고 있다. 조각이 너무 작아 지문 감식이 안 되고 있지만, 과학기술이 더 발전하면 언젠가 중요한 실마리가 될지 모른다는 기대 때문이다. 준원이 아버지는 그때 그 아파트에서, 벽지 한 장 바꾸지 않고 그대로 살아가고 있다. 준원이가 낙서한 벽, 준원이의 흔적이 지워질까 봐 손도 댈 수 없는 것이다.

나는 이분들을 만날 때마다 무언가를 받아 오곤 했다. 유리 아버지에게는 전단지를, 준원이 아버지에게는 스티커를 받았다. 나는 한동안 외출할 때마다 준원이 사진이 담긴 그 스티커를 들고 나갔다. 그리고 사람들 눈에 띄는 곳에 몰래 붙였다. 이걸 떼느라 누군가가 고생할지도 모른다는 생각에 쉽게 떼어지도록 살살 붙이다가, 떨어진 스티커를 보고 속상해할 준원이 아버지 생각이 나 다시 꽉꽉 눌러 붙이곤 했다(혹시라도 준원이 스티커를 떼느라 고생한 분이 있다면 죄송하다는 말씀을 드리고 싶다).

나는 요즘도 문득문득 유리 생각을 한다. 준원이도, 혜희도 생각한다. 다시 만나게 된다면, 나보다 훨씬 나이 많은 언니, 오빠기 때문에 함부로 이름을 부르지 못할, 800여 명의 아이들에 대해 생각해본다. 그리고 그들을 여전히 찾고 있을, 기다리고 있을 가족들의 모습을 그려본다. 유리의 아버지처럼 머리가 하얗게 세고 서서히 다리에 힘이 딸려 자식을 찾아 나설 기력조차 잃어가는 부모들을.

그들은 이제 역으로, 어른이 된 우리 딸, 우리 아들이 늙어버린 부모를 찾아주기를 간절히 바라고 있다. 가까운 경찰서를 방문해 유전자 검사를 신청하기만 하면 된다. 유전자 검사로 2021년 한 해 동안만, 장기 실종 아동 서른세 명이 다시 가족의 품으로 돌아갔다.●

＊경찰청 실종아동찾기센터 : 국번 없이 182.
아주 조그마한 단서라도 실종 아동 가족에게는 큰 힘이 된다.
주저 말고 제보 부탁드린다.

● 출처 : 아동권리보장원.

에필로그

새로 태어날 사랑. 내가 처음 생각했던 이 책의 제목이다. 무슨 내용인지 가늠하기 어려운 제목이라 최종 선택되지는 않았다. 하지만 책의 끝자락을 읽고 있는 당신이라면, 조금은 뜬금없어 보이는 이 제목에 고개를 끄덕여주실 거라고 생각한다.

지금도 그렇지만, 내가 이 책에 담긴 이야기들을 취재했을 때는 '사랑' 이야기는 입에 올리기 어려울 정도로 모두가 힘든 시기였다. 코로나19로 저마다의 고통, 분노, 슬픔, 외로움을 떠안고 있었으니 말이다. 하지만 그 속에서도 이웃의 작은 이야기를 크게 들어주고, 다정한 말을 건네고, 자신의 것을 떼어 나눠주는 사람들이 있었다. 사랑이란 단어가 아니라면 설명하기 힘든 것이었다. 나는 이 책이 또 한번 사랑을 태어나게 하길, 바라고 있다.

매주 우리의 기사가 사랑을 움트게 하길 바라며 함께 애써준 동료들이 있다. 여름엔 마스크가 흠뻑 젖도록 땀을 흘려가며, 겨울엔 찬바람에 손이 부르트는 것을 마다하지 않으며 무거운 카메라를 들고 고군분투한 촬영기자들, 촬영해온 영상을 눈이 빠져라 돌려보며 기사에 딱 맞게, 찰떡같이 편집해준 편집 기자들, 기획과 섭외를 도와준 작가들, 기사에 어울리는 CG와 자막을 디자인하고, 음악을 입히는 등 함께 작업한 동료들에게 감사를 전한다. 특히 모든 현장을 함께 누비며 큰 의지가 되어준 홍재인 PD에게 고맙다는 말을 하고 싶다.

마이크에 담아온 이 이야기들을 더 많은 사람들이 들었으면 좋겠다는 나의 바람을 든든하게 지지해준 곽선희 편집자님을 비롯한 출판사 분들에게도 감사하다.

늘 카메라 뒤에 서 있는 나는, 카메라 앞에 선 사람의 마음을 완벽히 헤아릴 수 없을 것이다. 다만 처음 보는 사람에게 속 깊은 이야기를, 그것도 카메라 앞에서 털어놓는다는 것은 상당한 용기가 필요한 일이라고 생각한다. 내가 한 말이 어떻게 편집될지 모르고, 기사를 본 사람들이 내 예상과는 전혀 다른 반응을 보일 수도 있으니 말이다. 그런데도 나를 믿어주고, 기꺼이 목소리를 들려준 분들에게 깊이 고개 숙여 감사 인사를 드리며, 이 책을 바친다.

추천의 말

주말 〈뉴스룸〉의 앵커를 맡게 된 한민용이 처음에 〈오픈마이크〉를 한다고 했을 때 나는 그리 흔쾌히 찬성하지 않았다. 결말이 뻔해 보였기 때문이다. '아마 한 달쯤 달려들었다가 제풀에 그만두겠지…….' 앵커를 하면서 현장을 나간다는 게 그만큼 힘든 작업이라는 걸 경험상 알고 있기 때문이었다. 두어 달쯤 뒤였을까? 한민용도 힘들어한다는 이야기가 들리기에 대놓고 이야기한 적도 있었다. "〈오픈마이크〉는 이제 그만하는 게 어떤가?" 하지만 그는 개의치 않았다. 그리고 한 달여가 더 지난 다음에 나는 그에게 말했다. "내가 잘못 생각했다. 미안하다." 나는 이 나이가 되도록 남의 열정이나 진심에 대해 이리도 나만의 잣대로 생각하고 판단해왔던 것에 대해 반성했다.

왜 한민용이 〈오픈마이크〉에 진심이었는지를 나는 뒤늦게 깨달았고, 이 책을 통해 그 깨달음을 확인한다. 그가 들여다보고 세상에 알리고 싶었던 것이 무엇인지를, 따지고 보면 나 역시 추구하고 싶은 저널리즘을 그가 오랜 시간 보여준 뒤에야 알아보게 된 것은 나의 불찰이다. 그러나 내가 맞고 그가 틀린 것도 있다.

그는 "펜으로 세상을 바꾸는 일은 거의 불가능에 가까운 일이라는 걸" "연차가 쌓이면서 알게 됐다"고 썼지만, 이 책도 '세상을 바꾸는 일'에 일조하고 있다고 믿는다.

_JTBC 손석희

한민용 앵커와는 인터뷰를 통해 처음 만났다. 한 번의 만남으로도 서로 공통분모를 찾았고, 그것은 전달자로서의 노력과 타인에 대한 공감이었다.

나의 필모그래피를 관통하는 것 중 하나는 소외된 사람들, 소수의 사람들의 이야기를 전하고자 하는 마음이었다. 다양한 사람들이 있다는 것을 알리고, 그들의 입장을 한 번쯤은 생각해볼 수 있도록 미약하고 미미하지만 그 인물들에게 목소리를 내어주고, 조명을 받게 해주고 싶었다.

한민용 앵커는 그동안 목도하고 취재한 것들을 이 한 권에 진솔하고 생생하게 담아낸다. 뉴스에서 정확한 팩트만을 전달하는 앵커의 모습과는 다르게 이 책 안에서는 함께 슬퍼하고 함께 분

노하며 공감한다. 개별의 사건을 담고 있지만 결국은 하나된 이야기다. 차가운 현실에도 뜨겁게 행동할 수 있는 용기를 주고 세상을 바꾸는 힘은 작은 관심과 공감으로 시작된다는 마음에 확신을 주는 책이다. 《내일은 조금 달라지겠습니다》라는 제목처럼 오늘을 반복하지 않기 위한 다짐과 용기가 전해져 온다.

_배우 천우희

한민용 기자의 책은 이례적으로 이른 연차에 메인 뉴스 앵커석에 앉은 기자의 긍지에 찬 수기가 아니다. 스튜디오에서 뉴스를 진행하는 동시에 현장에서 만들어낸 〈한민용의 오픈마이크〉 코너의 세세한 취재 수첩이다. 한민용 기자는 1/N만큼 대변되지 못하는 사회구성원을 카메라 앞에 공들여 청할 뿐 아니라, 가능한 한 그들의 위치에서 문제를 체험한다. 안내견과 종일 문전박대를 당하고, 급식 카드로 구매 가능한 상품이 뭔지 몰라 편의점 계산대와 매대 사이에서 망설이는 불편을 겪어본다. 빈곤층 청소년의 생리대 지원금이, 실제로 한 달 치 용품을 위생적으로 쓰기 충분한지 마트에서 셈해보고, 성추행 피해자의 유족의 오랜 싸움을 긴 호흡으로 따라간다. 그래서 차별에 영향 받지 않는 주류의 자리에서는 보이지 않던 한국 사회의 낭떠러지를 더듬을 수 있게 해준다. 취재가 촘촘하니 대안도 꼼꼼하다. 그의 기사는 당장 제도 개선이 어렵다 해도, 지금 정부가 더 인내하고 섬세해야 할 대목을 짚는다. 필자는 저널리즘의 존재 이유라는 고풍스러운 대명제를 잊지 않으면서도, 모순의 가장 구체적 얼굴을 찾아다닌다. 유행병에도 약하고 뉴스룸 의자에서 미끄러지기도 한다고 고백하는 이 젊은 기자를 신뢰하게 되는 이유다.

_《씨네21》 편집위원 김혜리

**내일은
조금
달라지겠습니다**

초판 1쇄 발행 2022년 3월 18일 **초판 2쇄 발행** 2022년 12월 7일

지은이 한민용
펴낸이 이승현

출판2 본부장 박태근
스토리 독자 팀장 김소연
책임편집 곽선희
공동편집 김해지 이은정
디자인 하은혜

펴낸곳 ㈜위즈덤하우스 **출판등록** 2000년 5월 23일 제13-1071호
주소 서울특별시 마포구 양화로 19 합정오피스빌딩 17층
전화 02) 2179-5600 **홈페이지** www.wisdomhouse.co.kr

ⓒ 한민용, JTBC, 2022

ISBN 979-11-6812-249-9 03810

* 이 책의 전부 또는 일부 내용을 재사용하려면 반드시 사전에 저작권자와
  ㈜위즈덤하우스의 동의를 받아야 합니다.
* 인쇄·제작 및 유통상의 파본 도서는 구입하신 서점에서 바꿔드립니다.
* 책값은 뒤표지에 있습니다.